致青年教师

吴非——著

中国人民大学出版社
·北京·

CONTENTS 目录

再版前言 …… 1

自序 …… 3

第一辑　做个有胸襟的教师

就让你的眼泪流出来 …… 2

我们要有什么样的志趣 …… 5

做个有胸襟的教师 …… 8

为什么你的学生缺乏气度 …… 11

珍视我们的专业 …… 14

我是来欣赏同行的 …… 17

你为什么不快乐 …… 20

不是活泼，是缺乏教养 …… 23

不要因为这样的话而自得 …… 25

说学生听得懂的话 …… 27

课堂有你，更有学生 …… 29

不要保留学生的检讨书 …… 31

教师的心中要有阳光 …… 34

第二辑　不要急

那故事是我的 …… 38
力戒浮躁 …… 41
不要急 …… 44
愚蠢者的“苦干” …… 46
“没有问题”是大问题 …… 48
课前紧张是正常的 …… 51
教师不是演员 …… 53
在教学实践中创造 …… 55
仍说“教是为了达到不需要教” …… 58
我们将留给学生的记忆 …… 61
让学生喜欢我的课 …… 64
教师应当比一般人“会学” …… 66
不能让学生认为我们不认真 …… 69
不能疏忽的教育细节 …… 72
不良习惯是哪里来的 …… 74
做一个让孩子们信任的人 …… 76
教师仪态也是“范” …… 78
学校的一切都在影响学生思维 …… 80
必须遵守的教育伦理 …… 82

第三辑　心里装着学生的心

让学生追求诗意的人生 …… 86
等一会儿，让他把话说完 …… 89
你愿意到我的办公室来玩吗 …… 91
教学楼里有多少洗手间 …… 93
“你一定能写好的！” …… 95

多让学生说说话 …… 97
作业评价未必要用同一标准 …… 100
良好的习惯来自学生时代 …… 103
充溢着温情的小事 …… 105
吃完最后一根面条 …… 107
心里装着学生的心 …… 109
高中时代的秘密 …… 111
这样的学生可爱吗 …… 113
的确有很难教的学生 …… 115
尊重学生的参与权 …… 118
怎样和学生谈话 …… 121
让学生喘口气，好吗 …… 124

第四辑　尊重常识

教育的一个特征：慢 …… 128
虽然我记不住你的名字 …… 131
“你已经是你了” …… 133
老师，你最看重的是什么 …… 136
“苦读”没意思 …… 139
“全读懂”没必要 …… 141
我可以读你的作文吗 …… 143
做有脑袋的兵 …… 147
教师不是导演 …… 149
需要有“劳动”这门课 …… 151
炸土豆条是哪里来的 …… 154
仪态风范应从小培养 …… 157
教师自己要做合格的家长 …… 159

对一位家长的批评 …… 161
教育所做的一切不过是常识 …… 164

第五辑 不放弃理想

理想，让我活着 …… 168
不放弃理想 …… 170
教师的人文素养比业务更重要 …… 173
名校的尊严 …… 176
凝望前辈站立的姿态 …… 179
要想到他们走上社会时的样子 …… 182
一件事会照亮一生 …… 185
教师职业的危险性 …… 188
谁是栽树人 …… 191
告诉孩子们，这里发生过什么 …… 193

第六辑 播下一粒善良的种子

如果不用“博爱”，用什么词 …… 198
播下一粒善良的种子 …… 201
要向学生表明我们的爱憎 …… 203
此所谓仁爱之心 …… 206
留点麦穗在田野上 …… 208
这些事，也需要勇敢 …… 210
看见别人跌跤不要笑 …… 212
山区来信 …… 214
生命的歌 …… 216
像太阳一样升起的白旗 …… 218
让我们回到童年 …… 224

再版前言

五年多前选编本书时，因病离开课堂，思考却没法停下来。我识见有限，但职业生涯让我不敢妄自菲薄。随着本书一再重印，不断接到读者有关评论，这对精疲力竭的我是莫大鼓舞。

我半生在学校，所见所闻，事事与校园相关，所思所想，事事难离教育。在他人看，也许不过是职业习惯，但在我，一生做一件事，没能如愿，无法心安理得。承蒙同行称赞“他一直在一线教学”，可是我从未想到还有什么“线”可退守，学生在看着我，他们将要把教师站立的姿态带到遥远的未来，这让我更加珍视来自实践的个人思考。

基础教育存在很多令人忧虑的现象，一些简约的教育常识被演绎得烦琐复杂，而教育却试图通过不必要的负担和严厉的规训把千变万化的人心简单地“统一”起来。无数的教训编织出落后的教育，人们不能视而不见，青年一代教师没有必要为此走弯路，这是我写本书的初衷。

那些千年痼疾，社会陋俗，以个人之力，无法改变；和许多前辈一样，我在有生之年，不大可能看到本质的改变。教育界犬儒总是讥讽，你想改变应试教育，那是做梦。但是，人不能没有梦，教师不仅要有职业自尊，更要有超越一般的社会理想。我改变不了社会，但我能把自己改造成合格的教师，以不辜负这个职业。在我，能做多少算多少，能走一步是一步，我不想让自己停下来，这大概是五六年来的觉悟吧。

很多青年教师，无论专业修养和社会识见，早就超过了我，这昭示着教育的希望，也证明了教师成长的规律。和他们同行，受他们的精神感染，获得了许多新的启示，我梦想着和他们一同走向黎明。

当初用“致青年教师”作书名，是想到我也许有资格做块铺路石头，把思考与教训奉献给青年同行，以期少走弯路，节省学费；我高兴地看到，许多老教师甚至教育前辈也在读这本书。教育的目的在于培育有智慧的人，尊重常识是最重要的智慧，而发现这一点，往往是中年之后的事了。

在本书再版之时，写这些话，感谢亲爱的读者。

吴非

2015年8月

自 序

不久前，我在教师培训大会上说，这些年教育界最重要的任务，可能是捍卫常识。用那么大的精力去捍卫常识，有必要吗？当然有。比如有人指鹿为马，虽然我们不会信，但是如果没有人挺身而出，至少有一代儿童会在一个比较长的时期认为那长角的动物是马，直到拨乱反正，他才明白自己学的是颠倒黑白的“知识”。不远的历史上，不是还有过这样的事吗？

教育工作，不过是依据常识并教会学生遵守常识，学会学习并养成好习惯。至于我们在教育中的发现和创造，最终也必然成为常识的一部分。

我们中国人经常宣传每一种职业的辛苦，诸般不易，而往往忽略了职业在“进乎技矣”的境界中的幸福与乐趣，这也造成青年在选择职业时会有种种顾虑。而教育是陶冶人之心灵的职业，它应当有比一般职业更多的快乐。

五年前，当逢会必谈“办人民满意的教育”时，我觉得基础教育需要一个准确一些的工作目标，因此我试图提出“办人民满意的教育，也要办对民族未来负责的教育”。毕竟是“基层教师”，我的声音显得微弱。一年前，在和青年同行交流时，看到他们的生存状况，我又想把这句话充实为“办人民满意的教育，也要办对民族未来负责的教育，还要办对教师职业生命负责的教育”。——我在教师进修班说这些话时，老师们又笑了，他们大概觉得这仍然不过是个“基层教师”的思考。但是，我的思考仍然没有停止。我想到，“对教师职业生命负责”，是教育政策制定者和管理者的职责，也应当是教师自身的追求。如果教师不敬重自己的职业，没有自觉的进德修业的意识，他能有职业幸福感吗?

和我们当年不同，现在年轻一代教师赶上了一个比较好的时期，他们接受的教育比我们完整，他们视野辽阔，有现代意识；同时，他们也遭逢富有挑战的环境，各种教育思潮的撞击和无数的物质诱惑，让一代青年教师在成长中经历了更多的考验。在和青年同行的相处中，我越来越深切地感到，仅仅关注教学技术层面上的发展远远不能解决问题，比之教育技术，形成正确的教育观念更为重要。有正确的教育观，教师的专业发展才可能有正确的方向。同样，正确的教育观、教学观和学生观的形成，仅靠恪尽职守也是不够的；教育者的理智与情感，将使他的职业生命绽放出绚烂的光辉。

当然，在结束教学工作之际，我也想到，一名从事基础教育的教师，他在持续的学习中，可能会更多地领悟教育教学的常识。我们在冷静地辨析教育现象的同时，还需要遵循客观规律，创造性地建设教育教学的新局面，在这方面，老教师也应当有所贡献。

每次培训和交流时，几乎都有青年教师向我倾诉工作中的烦恼，他们说的种种现象，的确是师范教学中没有描述过的，教育学教科书不可能穷尽一名教师将要遇到的全部问题。在实践中，我们都遇到过许多有意思的问题，这些问题引发我们对教育的关注和研究，我们这一代教师有必要把自己的经验和教训都贡献出来。惭愧的是，在临近退休之际，反思我的教学经历，我认识到自己毕竟不是那种富有智慧的教师，堆积的教训可能比所谓的经验更多。本来我可以做得好一些，失误可以少一些的，然而学与养皆不足，使我错过了许多有价值的探索与实践。这就使我想到应当把自己的种种教训与思考告诉青年同行，以之为前车之鉴，庶几可使他们少犯错误，少走弯路。在告别讲台时，我深切地感到，许多东西是教育学教科书上没有的，也是我的老师没有想到的；而在我结束教学工作时，我可能仍然没能发现，这使我对自己的职业充满了眷恋。

2005年，在和钱理群教授讨论一名合格的教师必须具备的基本素质时，我们不约而同地说到三个关键词——思想者，学习者，实践家。“思想者”和“学习者”，容易理解，至于提出“实践家”，是我们想到，教师的工作绝非简单的实验和重复，而是充满创造的实践过程，每一位教师的工作都将是无可替代的，每一节课都可能是独一无二的；教师在这一过程中不但践行职责，而且还应富有创造激情和理想追求。钱老师还提出，教师还应当是“写作者”，因为教师职业对于民族未来的深远意义，还在于有所传承，因而有必要把教师的写作能力放到一个相当的评价位置上。我在整理这些年的有关谈话、讲座和笔记、书信时，发现所论和青年同行们的期望相距甚远，以我的修养实难胜任，但我愿再做引玉之砖、铺路之石，因为我相信，青年同行们一定能做得比我好。

吴非

2010年2月于南京

第一辑　做个有胸襟的教师

就让你的眼泪流出来
我们要有什么样的志趣
做个有胸襟的教师
为什么你的学生缺乏气度
珍视我们的专业
我是来欣赏同行的
你为什么不快乐
不是活泼，是缺乏教养
不要因为这样的话而自得
说学生听得懂的话
课堂有你，更有学生
不要保留学生的检讨书
教师的心中要有阳光

就让你的眼泪流出来

你说，班会上你没能忍住内心的悲伤，你哭了，因为看到学生的冷漠，因为看到一些学生缺乏羞耻感，你感到痛心，感到无能为力。你后悔自己的哭，你一再埋怨自己太软弱，没能在学生面前控制住自己。

我和你想得有些不一样。教师如果无法抑制自己的激动或伤感，那就让你的眼泪流出来，就当着学生的面哭泣吧。这有什么呢？让学生看到，老师和自己的母亲、父亲一样，和普通人一样，也有悲伤，甚至会感到绝望无助。

好些年了，面对一些学生的自私、冷漠，我这种年纪的教师也常常无话可说。教育工作中的好多困难，超出了我的预想，以个人的智慧已经无法解决；很多困苦，以我的修养也已经无法忍耐。我为什么要抑制自己，不让真实的情绪表现出来？

在学生面前，我们没有必要掩饰自己的感情。我们教育孩子们成为人，我们自己首先必须是情感正常的人。我在课堂上也曾落泪，那些教学内容首先感染了我，常常使我情不自禁，热泪盈眶。我不在乎学生说老师多愁善感，但我在意自己教出的学生能不能成为一个情感健全的真人。

哭泣与落泪未必是软弱，因为你的悲天悯人，因为你的正义冲动，因为你的仁爱和幸福。屈原不畏死，不也“长太息以掩涕兮”吗？鲁迅冷眼看世相，不也曾“又为斯民哭健儿”吗？作为教师，也应当敢哭敢歌。你当着全班学生的面哭了，因为看到青少年的冷漠和冷酷，看到了无知又无畏的可怜；你哭，是担心自己的努力可能变得毫无意义……

不要忍，就让你的眼泪流下来，当着学生的面流下来。我宁愿他们面对你的眼泪感到惊愕或尴尬，也不愿意他们就那样木然地面对人间的一切。

当然，我也感到困惑：面对那么美丽动人的故事，有些青少年就是无动于衷，就是看不到人间之美，看不到生命之绚烂，看不到人间的真情，看不到爱的恒久……为什么会有这样的现象呢？

青少年能被感动，除了天赋善良，更需要在无比丰富的现实生活中一点点地获得良知。在他的人生体验中，有无数真善美的声音和画面，他没能注意，也没有感受到，这是因为没有精神向导。在他童年的时候，他只得到过多的娇宠和夸奖；在他开始学习的时候，没有得到最好的启示和引导，他习惯于过多地关注自我……就这样，他对周围的一切开始缺少发现，他不会反思，他没有激情，除了考试成绩，他几乎对一切都麻木。我认识的几个学生，在高中三年里，他们总是静静地坐在教室里，面无表情，即使读一篇富有感染力的文章，他们也有气无力；他们见到教师从不主动问好，在参加重要的集体活动时，他们会若无其事地拿着一本教辅在做题……而家长和一些教师却只在意他们的考试成绩，没有意识到教育的欠缺。

作为指引者的教师，应当引导他去关注，孕育人性中最美好的情感。几乎所有的孩子都有阅读的经历，他的阅读如果是有效的，能孕育人文情怀的，他的情感就能被唤醒，也就一定会有感动。我之所以一直主张关注中小学生的阅读，绝不仅仅是考虑语文教育的需要，更是考虑到人的成长的需要。一个人的阅读积累越丰厚，他的人生感悟力就越强，他的发现就越多，而他对人间的关注和思考也就越有价值。教师的阅读经验，往往也是学生的精神资源；教师的人生情感体验，对学生会有很强的启示作用。从这个意义上说，教师应当是真善美的传播者。——人成为非人，对青少年而言，只要一场“文革”那样的灾难就够了。但是“文革”那样的恶之花，只会开放在一定的土地上。为了防止那样的悲剧重演，教育者——不，所有的人都应当播撒和培育真善美的种子。

面对青少年的冷漠，你能悲伤地哭出来，说明你有真诚的情感，我认为这可以证明你具有成为一名合格教师的禀赋。

不要在学生面前掩饰自己的情感，不要担心在学生面前流泪，如果这一切有利于他们人性的苏醒。倘若你竭力掩饰，有可能会被学生误认作是冷漠，也有可能会让敏感的学生也去学习克制和忍耐。面对那些腐蚀青少年心灵的精神污垢，教师不应当容忍，或许此前我们忍耐得太长久了。

把你的爱，你的悲伤和失望，甚至你的恨，都真实地袒露在学生面前吧。

我们要有什么样的志趣

上次临别，你说不愿这样颓唐地活着，我当时不知该如何回答你。你不愿意庸庸碌碌地做教书匠，我私心以为你也许有些清高。后来想到，你这种情绪，和许多走上教师岗位后的青年是一样的，只不过个性表现不一样而已。

你爱读书，你以为到学校工作能嗅到书香，你甚至以为此后一生都可以沉醉于书香之中。你着迷地读书，可是在很长一段时间里，你被同事们误会了：他们起先认为你是想考研究生；后来又以为你有鸿鹄之志，想著书立说；再后来发现你仅仅是爱读书而已；最终则认为你迂腐，“缺乏生活情趣”，不懂生计。

你说与同事相处感到缺乏相知，几年了，一直没找到可以说说话的人。我劝你尽可能地理解他们。想当年初出茅庐，他们很可能也同你一样心雄万夫，以为可以一显身手，而岁月消磨了他的意志，工作困难消耗了他的勇气和智慧，生活重负一点点地压低了他原有的精神高度。于是你看到的便是这样的一群人，面对教育的困境，他们更多的只是叹息，经常无限伤感地面对一张发黄的照片，发呆。

原谅他们，不是所有的水都要流向一条河的，也不是所有的河都向着大海的。你能做的，就是珍惜自己的“热爱”。

其实，能使人身心健康的生活方式远不止是读书，有些教师渴望放假，是为了远足，到遥远的、人迹罕至的地方去，望峰息心，窥谷忘返，在那里让自己的心静下来。我的心也常常与之飞翔，只是往往杂事缠绕，身不由己。独处的情趣不止是远足。有位语文教师精于茶道，不是为了展示技艺，而是醉心于诗的想象；还有位生物教师心灵手巧，喜欢各种机械模型，他制作的航模能在天上飞 20 分钟。人们也许难以想象，这些人从童年起，能把一种爱好保持半个世纪之久。我想，那才配叫“热爱”。“人的差异在于业余时间”，爱因斯坦总是能用最简单的话点明复杂现象。

不必要求教师采取同一种生活方式。你讨厌打牌，说只要一看见教师群聚打麻将、打扑克牌你就有些鄙视；特别提到他们上了飞机竟然也想打牌，你对此感到不可思议。和你一样，我也曾百思不解。虽然不断地有人要求我们“不要太清高”，我也尽可能换位思考，尽可能地予以理解。因为不是每个人都愿意飞翔的，不是每个人都愿意徜徉在理性思考的乐园中的。我们没有权力要求所有的人和自己持一样的生活观。坚持自己的追求，尊重别人的选择，在一个文明社会里，这是知识分子应当具备的修养。

当然，作为教师，我们的生活观和价值观对学生会有影响，我们必须审视自己的生活志趣，关注教师应当具备的情感与情趣。因为我们的学生时时在看着我们。多年前，教师们议论某个班风气庸俗，举的例子就是春游时该班学生不注意山水风光，围成七八个圈子在打牌。

让我有所不安的，是有些学生过多地关注教师的生活方式，他们有时会在作文中写教师的另一种“平凡的生活”。比如，有学生在随笔中提及随家人在饭店用餐时，看到校长和老师在喝酒哄闹，在茶馆看到老师们在打牌。学生作文中提到“某老师运气最好，一晚上赢了七八张”(大概指的是打牌)，有位老师看了这篇随笔，难过得第二天不想去上课，虽然说的不是他，但他感到屈辱。我想的是，他的这种感觉，那位“赢了七八张”的教师压根儿不知道；更可能的是，那位教师即使知道了也许会觉得无所谓，更不会理解同行们的难过，这就是我们说的“没什么可说的”。

你信中提到，一些教师对专业知识了解甚少，但是对股票，对汽车型号，对本地各部门官员的升迁了如指掌。告诉你，这样的现实，我现在装作没看见。虽然内心不能接受，毕竟我们不可以强求别人接受自己的生活方式。志趣不同，不能要求教师的生活观全统在一个方向上。你提到，有些教师每到职评或是晋级测评，就厚颜无耻地舞弊，向校长局长行贿，打通关节，不学无术，却什么都想占有，都想通过非正常手段获取。然而那全是社会病，不只是教育病。你如果陷入那样的怪圈，即使侥幸成功，以后也摆脱不了更大的精神压迫，除非一生不觉醒。以我有限的经验，好像只有教育者的生活志趣，将最有力地、持续地影响着下一代人。

静下心来，回到你的书中去吧。

做个有胸襟的教师

为了让学生胸襟开阔，你应先做个有胸襟的教师。

教育者的胸襟，是学生的天地。教师的胸襟有多宽，学生的精神天地就有多大。良师之心境，如海洋一般辽阔，如长空一般高远。教师心胸博大，他的学生才能面朝大海，才能仰望星空；他所教的学科，就有可能成为乐园；他的学生，才会开垦自己心灵，建造精神家园。人生中能遇上胸襟辽阔的教师，学生自然“大气”，自然能顶天立地。

有同行问过：在一个教学群体中，如何在尊重他人的同时，发展自己？我说并不难：能容忍不同的意见，特别是能容忍聪明人，容忍正直正派的人。——这样的话如果让洋人听了，也许会莫名其妙，而在中国，同行之间，最难处理的也正是这些问题。

落后腐朽的文化，也残存于教育界。我不止一次地听到教师的抱怨，当他们取得一些成绩时，常感芒刺在背。一般而言，有成就的教师，他付出的劳动和心血必定超过常人，他的努力，在于他肯吃常人不愿吃的苦。无视他们的辛勤付出，只盯着他们获得的名利，人就有可能变得褊狭，焦急暴躁，心理阴暗，乃至妒火中烧。如果教师有这样的心态，他的工作情绪会大受影响，非但不会有什么成就，其庸俗作风还有可能传染学生。

该吃的苦不肯吃，该做的事不愿做，只希望靠年资优势倚老卖老，背靠落后的权力体制，倚仗共同利益圈子，做八面玲珑的“乡愿”……这样的选择固然有其自身特殊的心理，往往也在于从社会的“清流”与“污浊”的不相容中，一些同行看到了“清者之悲”和“浊者之乐”，价值观发生混乱。在一些文教单位，拉帮结派、不讲原则的庸俗作风一直存在。

心胸狭隘的人，总会把同行贬得不值一文：同行爱好读书，他马上就批评“教师的主要任务是教书”;同行发表了几篇学科论文,他就说“评价教师还是要看课堂教学”；看到同行上课受到好评，他又会说“只能上课不搞科研不行”；而如果自己样样不如人，什么都比不了，他甚至又会说“没有生活情调有什么意思？”——他从来不肯说“很抱歉，我不懂”“我不会，你能告诉我吗”“不好意思，这本书我没看过”……

为什么有些教师心胸狭隘？除了一部分性格原因，最主要的，是懦夫懒汉意识作祟。“文革”结束，在一个相对宽松的时期，只要有自己的追求，作为知识分子，是能找到精神寄托的。如果他想致力于教学研究，不管环境有多困难，只要尽力而为，总不至于一无所获。在同样的工作环境下，面对同样的教学任务，有的人能取得成就，有的人一事无成，有的人则只靠行政背景混日子，形成这样的差异，完全在于教师的个人素养。

不想吃苦，不肯变革，“混”成习惯，也就希望大家“静止”，永远处在同一水平上；看到同行取得一点成绩，不是见贤思齐，而是千方百计地替他找寻不足，以安慰自己；对同行在探索过程中的失误，则幸灾乐祸。自己不奋斗不努力，见同行取得成就，只会嫉妒，总像有一群小虫子在啃自己的心；把别人的成就当做心理重压，把自己的工作当做挣扎，他拿着那把小尺子，说长道短，量遍一切人和事，就是量不出自己永不平静的心胸。这样的教师，很难有所作为。

有这种妒忌心，对身心健康不利。心理学、社会学有关这方面的解说已经很多，不赘述了。这里单说教师情绪对学生的影响。教师心胸狭隘，最大的危害，在于这种狭隘有可能传给学生。教师的工作对象是学生，应当一切以学生利益为重。几十名学生和一位处处斤斤计较，时时嫉贤妒能的教师相处两三年，他们不可能一点不受影响。卢刚弑师事件发生后，教育界有过反思，但没有抓住机会，发掘教育价值，加强学生人格养成教育，而仅仅把他视为孤立的个案，迅速淡化。我在学校工作这些年，经常看到学生中有卢刚式的狭隘与冷酷，虽然其程度不可能达到报复杀人的地步，但诸如“下次考试一定要报一箭之仇”“一定要出这口鸟气”之类的恶语，时常能听到。一名学生，为什么对同学取得的成绩那样忌恨？为什么不能容忍别人超过自己？为什么要向自己的老师下手？卢刚早年受过什么样的教育，我不太了解，但我估计，他的周围很可能有一群缺乏胸襟的人，他不懂得什么是“星空”，什么是“辽阔”，什么是“明天”。狭隘的青少年虽然未必全像卢刚那样走极端，持枪杀人，可他的心里却一直有把刀子啊。

1986 年的一次班会上，我为学生读了柏杨的《丑陋的中国人》。柏杨说，凡是有中国人的地方，就会有“窝里斗”。我们不得不承认他的话是有根据的，但是学生们在讨论中，体会到了作者的悲凉。二十多年过去，当年的学生都还记得这篇文章，他们说，第一次看这篇文章，很震撼也很害怕，但很快就理解了老师的用心。走上社会，到处都看到不如意的事，有时不敢“冒尖”，有时不得不藏拙；工作上取得一点成绩，免不了要看小肚鸡肠们的脸色……然而，自己对别人，则尽可能地做到一片坦荡。这，就是当年一粒种子的作用。

为了我们的学生，让你的心胸开阔起来吧。

为什么你的学生缺乏气度

你来信说到文明班级评选中的一些无谓的争议，我也经历过同样的事。我想劝你：当班主任，有些事你不能去争，争的结果，于己无利，更糟糕的是会害了学生。

运动会前，一些班级在教学楼挂出了各种各样的标语横幅、广告和海报，热闹非凡。青少年聚集的地方，就得有生气、有活力。不过，把那些宣传口号标语看了一遍后，却没有预期的幸福感受。

有些语言很张扬，如“称霸”“横扫”和“誓夺”，全出来了。我对学生说，如果我们班的海报也用这样的语言，那只能证明我的语文教学失败了。学生们纷纷笑了，说，老师你去看看，我们最“大气”。“大气”，是我常挂在嘴边的话，学生也经常以“大气！大气！”调侃。有一届毕业典礼，请高三所有教师都给学生一句赠言，我刚接过话筒，会场二楼忽然传来整齐的“大气！大气！！”——原来是我教过的学生在集体呼喊。

我是看多了“小气”，才矫枉过正地大喊“大气”的。

多年前的一次学校运动会上，甲班班主任带一群学生找裁判长交涉，说丁班在400米接力赛中犯规，裁判长说，没有接到裁判员的报告。甲班班主任便来找丁班直接交涉，丁班班主任说：“这件事让裁判长决定吧。”甲班班主任声色俱厉，涨红了脸大叫：“全体学生都是裁判！”初中孩子也不大懂事，便跟着班主任骂丁班师生“不要脸”。我当时不明白，教师为什么会带领学生大吵大闹。后来知道，如果丁班400米接力赛成绩被取消，甲班就能保住团体总分第一。四五年过去，上大学后，一名曾在甲班读书的学生回忆说，当时在班主任的带领下，“什么都争，争不到就闹，闹不成就骂，骂过了再搞小动作”。如，早操因动作不整齐被扣了一分，全班学生便被训了半节课；下次早操，班主任和班干部团团围住体育老师，一个个板着脸，盯着他的本子，看他打多少分；体育老师说，最怕看到甲班的人。这样，全班学会了凡事争先，“荣誉”也的确得了不少，可是学生习惯也坏了；到了高中、大学，和别人交往沟通往往有障碍，一个个“小气巴拉的”。

在这样的环境中、在这样的教育下长大的学生，以后会是什么样？

曾有位作家在一部长篇小说的后记中，谈到两位离休干部在干休所为各自小菜园的分界线发生争执的事。这两位农民出身的将军经历了出生入死，五十年后竟然又回到了作为农民的起点。这个故事对我的震动很大，刺激了我对教育观念的深层思考。其实，不管生活在什么地方，每个中国人的根都在农村，我们的祖先都是农民。小农意识哺育了民族性格，也或多或少地影响了知识阶层，我们也不可避免地会把小农意识带进教育。为什么先进的教育理念在学校里难以贯彻，学校管理中为什么会有那么多的封建习气，这些，和小农意识很有关系。

可怕的是这种习气又通过教师的示范，传染给一代又一代的学生。

即如体育比赛，何必要把锦标看得那样重，非要上升到“国家形象”“民族精神”的高度？那种宣传直接导致青少年对体育精神的误解。网民在网络上有关体育比赛的一些极端言论，反映出我们在人文精神教育方面的落后。一旦比赛失利，赛场上什么粗野的行为都会出现；一场球赛要出动那么多的警察，全国各赛场的“国骂”“地方骂”震天动地，能说和我们的教育一点关系也没有？

某次，有位教师介绍一“教坛新秀”，说为了参加这次基本功大赛，她多少个晚上没有睡觉，看了多少书，请教了多少同事，学校如何“团队作战，群策群力”“多次演练”等等。我不太理解：一次业务技能比赛，如临大难，兴师动众，不正说明这位“新秀”基本素质并不高吗？

我还没说出这个意思，那位教师又说，学校里选拔，她击败了多名对手，“脱颖而出”，到了区里，两轮角逐，她又“力挫群雄”；“过五关斩六将，终于杀入决赛”，这次大赛“鹿死谁手”，“谁笑到最后谁就笑得最好”……说实话，我听了很不舒服。不过是一次可有可无的业务竞赛，至于要如此计较？作为教师，使用那些语言多不合适啊！

教师的习性直接会影响学生。有个班主任带学生打扫楼梯，用水冲，从三楼冲到二楼，就停下来，对二楼的老师说，我们把三楼冲完了，对不起，下面是你们的事。二楼师生完全没有准备，面对冲下来的污水，顿时陷入混乱。其实老师领学生顺带帮二楼冲一下，顶多花十分钟。——如果你当班主任就是这么个气度，把一个班当做自家的一亩三分地，你的工作就不会有什么愉快。更为重要的，是教师的行为直接对学生示范，你的学生以后也不会有什么大出息。在家里，他不会处理邻里关系；在社区，他不可能尽自己的义务；面对社会捐助，他会一毛不拔……这样的教育，在起点就失败了。有些教师回忆自己的学生，会发现在做人上差异过大，其实种子是在青少年时代种下去的。

如果你嫌自己的学生“小气”，既需要从家庭教育方面找原因，可能也得反思：自己是不是个“大气”的人？

珍视我们的专业

十年前，我曾和一些老教师讨论过一个话题：一位教师在专业方面能走多远。两位退休的理科名师说，从学科而言，语文教师的个人发展空间比理科教师大得多；因为他的思想情感体验远多于其他学科，他的想象力更丰富，创造的机会可能更多；如果他有出色的表达能力，他起的作用更大，特别是对学生的思维能力的影响。他们列举很多实例证明：语文教师向高一层次发展并获得成功的人多于其他学科。

那次谈话给我的印象很深。

其实，所有的学科都值得从业教师去热爱。我在中学，看到很多老师都很珍视自己的专业，他们从自己的学科中获得教学的乐趣，也获得生活的乐趣。一个连自己的专业都不爱的教师不可能成为优秀的教师。有一次，我看一位体育教师的教学笔记，惊叹于她的文字表达能力，从说明文的要求看，她的语言简练准确，我称赞她的语文水平高，可是她说“我是因为喜欢体育才学好语文的”。

我们从事的学科教学被认为是一种“专业”，如果我们所做的一切无法给学生“学科”和“专业”的认识，我们的教学可能就是失败的。1966 年，联合国教科文组织和国际劳工组织就签署了《关于教师地位的建议书》，对教师专业化作了明确说明，提出“应把教育工作视为专门的职业，这种职业要求教师经过严格地、持续地学习，获得并保持专门的知识和特别的技术”。作为一种“专门的职业”，它既要经过学历教育，还得不断地学习，只有通过“严格地、持续地学习”，才能提高专业素养，保证自己的“专业”地位。然而，究竟有多少同行认识到这一点了呢？

现在，教师自觉学习、保持专业修养的意识并不是很强。以语文学科为例，已故的张翼健教授一针见血地指出："目前语文教育的主要问题是语文教师自己不读书。"而顾黄初教授生前也曾叹息："语文教师成了要别人读书而自己不读书的人。"其实，有关语文教师不读书的笑话，教授们没我们听得多。某地有名师建议："高考要考十多本文学名著，学生没时间读；能不能请专家们把这些名著编成提要和题目，让学生去背？"教师如此弱智，学生能否看得起他，姑且不论；他让学生对"语文"产生误解，降低了"专业"地位，罪莫大焉。高考折损了许多教师的教学智慧，也摧毁了一部分教师的专业意识，教师的专业水平下降，学科的地位也会下降。如果教师把全部精力都用于钻研高考，非常可惜也非常可悲。我们注意到，相当多的教师除了高考中考，对专业领域内的许多问题竟然没有任何兴趣（他们甚至说不出任何一种专业杂志的名称）。江苏省的一位资深教师曾质问："万一取消高考，语文教师怎样上课？"这句话耐人寻味，发人深省。

对受教育者而言，每位教师承担的教学只占他一生学习经历中的一小部分。在那样一个阶段，教师的专业知识和能力素养应当高于学生，非此不足以为师；更重要的是，在这个阶段，教师应当表现得比学生更善于学习，因为"教会学"也是他的专业技能。在短短几年的教学中，教师有可能给学生留下难忘的印象，因为他的风格，因为他的专业素养，因为他的教学素质——当然还会有一种可能：因为他的不学无术。

我想到，优秀的教师应当是一盏不灭的灯，而那"开关"就在他自己的手里。这或许可以从不同的角度去理解，并有不同的阐释。他的"亮度"在于他个人的修炼；如果他有"电源"，或是不断充电，他就能一直发光，一直在照耀着学生面前的道路；教师的进德修业应当一直到教育生命的终止。当然，作为一盏灯，他未必需要一直亮着；但是在他亮着的时候，他有可能是耀眼的，夺目的，即使只有一丝光亮，也能照亮学生走过一段路……

进德修业是个人的事，是自觉的追求，对一个劳动者来说，专业素养是他安身立命之本；而对一名现代教师而言，持续的学习将使他保持精神的高尚，支撑自己作为一个文明人的操守。

我是来欣赏同行的

我是来听课的，听听、看看同行怎样上课。即使是所谓“公开课”，本来也不过是大家在一起切磋切磋教学艺术，交流心得体会，何必非得比出个高低？

承主办人错爱，听完课常请我“当众点评”，我总觉得多余：大家经常交流，你看看我，我看看你，都是明白人，取长补短，不就完了？难道来观摩的都是弱智？我是来欣赏别人的，我是来参观的，有什么必要评头论足，说三道四？

譬如请我用饭，我领情了，也吃得很开心。毕竟总有些菜是我不会做的，毕竟看到了别家的烹饪特点（有些设计甚至是独一无二的创造）；虽然不过是口味不一的烹饪，但让我们知道风格可以多变。再说，我看到他家的孩子吃得很香，个个气色红润，很健康。

我总不能说：其实你的菜不合我的口味，你的菜和全国“烹典”规定的色香味形不一样，你凭什么多放了三根辣椒？你为什么先上汤后上菜？你为什么不吃饺子非要做面条？你为什么用盆儿盛菜而不像我一样用盘子？还有，你凭什么把汤匙叫做“调羹”？……如此而往，今后大家还能坐在一起说话吗？我们中国人很多事是在饭桌上交流情感态度的，大家都说“吃什么不要紧，气氛要好”。说得对，是听课交流，要有个好气氛，不要弄得像带甲赴鸿门，暗藏杀机，不是你吃了我，就是我吃了你。

当然，在中国，有根深蒂固的评价文化，有些话是要艺术地说一下的，此之谓“打太极拳”。然而，这种“太极拳”演多了，你的名声也沤坏了。

有一回，在外地听一青年教师上课，然后主办单位请名家“点评”。有些名家或许是已经寂寞了一阵，话就多一些。一点一点地评，五六位名家加在一处，这一评就评了一个多小时。我身边一位“前名家”嘀咕道：“不就一节课吗，值得这样小题大做？”事后，开课的教师说，本来无心上这节课的，给名家一说，原本一节没有什么价值的课竟然成了有不同作用的正反面典型。

上课的，评课的，如太把这节课当桩事，更累。我不止一次地看到，来听课的人把一位普通教师的一节平常的课当做了“唯一一课”或是“最后一课”。曾有著名教授荣退，系里安排上一节课，有纪念的意味。70多岁的教授精心地准备了两个月，隆重地上了最后一课，的确绝伦逸群，无奈教授耗尽心力，上完课已无法走下讲台，其后大病一场。人敬之为“天鹅之死”。——然而我们广大教师不是濒死之天鹅，我们够不上那样的高贵与凄美，我们既不想让这节课成为一种纪念，更不敢表演绝唱。我们是在上一节课，这节课是向学生讲授的，这是我们的日常工作，而不是为了坐在后排听课的教师（我们甚至不应当在意他们的感受），而且，我们在这以后还有很多节课要上，不是非得在这节课上把一切美好的东西展示出来，最后还颤抖着在黑板上写下“法兰西万岁”……

既然是来学习的，那就把心态摆摆正。让我们来欣赏每位上课的教师吧。

你看，每个人上课都有自己的特点。甚至板书课名也有自己的风格，有的写在正中，有的写在左侧……都好，只要他的学生适应他就行了。

他在带学生读书时，读完起句，放慢节拍说：“一……二……”你是怎么做的？你总是急促地“一、二！”，学生跟不上，读乱了，而你只知道批评学生读书不整齐。

你看，他把做好的PPT弃而不用了，因为刚才那位学生回答的话语可能和他的“参考答案”不尽相同，他大概是发现学生的思考也是正确的，这就对了。

他上完第二部分请学生作小结时，第一位学生的发言完全理解错了。你看，他一点也不生气，并不急着去请第二位，而是尽可能启发他，让他重新思考，让他补充说几句，这样做是为了保护学生的自信心。看来那位同学平时语文学得并不好，可是在这样的公开课上，教师并不在意他是否能正确地回答问题，而是要让他在这样的场合勇敢地表现自己。

那位女生读错了两个字，解释也错了，错得低级。教师批评了。可见这节课没有事先准备的痕迹，老师并没有因为是公开课而做任何掩饰。

你注意到教师倾听学生发言的神态了吗？对了，在学生发言时，教师的眼睛要注视学生。如果学生看到教师的目光会发慌，那教师就不要直视他，可以看着他的肩膀。总之，教师的眼睛不能望着天花板。这是对话的姿态，他的这种倾听的姿态，也是语文教学的内容。

他离开讲台走到学生中去，可能是那位学生的发言声音高不起来，也许他想缩短和那位同学的距离。有些教师上课学官僚作报告，站在讲台中央，两手成 45 度角往讲台桌两旁一撑，弄出个功架——谁告诉你教师只能站在讲台正中的？

他把这个问题放过去，可能是前一个专题中已经说过了，他不想为了表现“完整”而对自己的学生重复。

能自主探究当然好，可是你看到这个班了吗？条件不如城市的重点中学，能展开讨论已经不错了。“告诉”不好，可是不告诉的话学生要花去大量的时间，那“告诉”一下也无妨。不要急，慢慢来。

你说他有几处口误？我没注意。我也常有口误。

……

我们是来欣赏别人的，不是来比武的，所以就能更多地看到人家的长处。

你为什么不快乐

每年暑假，都会被找去参加教师培训工作，开几次讲座。也许主事者认为我是老教师，说说过来人的甘苦，对中青年教师会有所帮助，故而不放过我。这样的工作往往很愉快。教师们，特别是青年教师，都愿意坦诚地说话；和同行在一起说话，我也很随意。可是，不止一次地有人问："你是不是因为快退休了，才这样敢说真话的？"——听到实话实说，有些习惯于客套的同行就不太习惯。我不厌其烦地告诉他们：我一直这样说话的；一名教师，如果到临近退休才说真话，那他半生的教学能有什么意义呢？

有一次对话记忆犹新。一位中年女教师问："你的经验我们学不来。你什么都有了，所以你敢说；我们如果像你那样坚持，早就被炒鱿鱼啦！"——她说的那个"什么都有了"我听了很不舒服，她感兴趣的"什么"也许指的是那些所谓的头衔与荣誉，而我渴望得到的许多东西，在我们的这个社会仍然稀缺。

我不得不一再重复，我不像她估猜的那样，"什么都有了"才敢说话。说真话未必需要很大的勇气，但要说得有水平，可能需要努力。同时，我问她，那个"什么都有了"是不是令她羡慕。她说："那当然啦！"我说，我想的不是这些。这些所谓的"光环"毫无意义，在一个教育发达、文明进步的国度，不需要这些东西，甚至根本也没有这些东西。我从来没有听说过西方的学校评什么"特级教师""有突出贡献的中青年专家""省级拔尖人才"之类可笑的头衔。而如果没有那些所谓的光环，我这会儿也就不必为"培训"说些什么而操心；我可以坐在家里休息，喝喝茶，看看书，可以出门去散步，和朋友聊天，还可以随意地去游山玩水。然而，很不幸，我得冒着高温赶来，对你们发表讲话；如果我身体不适，不愿意来，你们就有可能传说我“架子大，请不动”，对吗？

她摇头，表示不理解。我也没什么可解释的了。是啊，很多人为什么总是不快乐？不就是很有些想得到的没得到吗？

大者可能如这位教师说的所谓荣誉称号，有些同行欣羡不已，也有人嗤之以鼻。因为当今教育界种种所谓荣誉称号，早已泛滥成灾。更因为一些人以此牟取利益，把教育界弄成了名利场，致使更多的人趋之若鹜，不达目的，誓不罢休。我多次听说一些教师因为“评特”导致心理扭曲，因为看到权力黑手的操纵能量而不得不屈尊膜拜，每年的各种评比都是让他们的心灵受伤害的过程。有个校长为了得到一个荣誉称号，动用了不少“学校资源”，也花了一些公款，被否决后，他哭了，说：“不是我要这个荣誉，我是代表学校来申请这个荣誉的，这是对我们工作的肯定……”先是“请求”，然后是“恳求”，接着“哭求”，“他就差跪求了”，一位主管部门的领导对此报以鄙夷的神色。当然，根据官场的潜规则，他终于得到了那个“代表学校荣誉”的个人称号，可是他付出了多大的代价啊！作为一名有正常情感的教师，你愿意抛弃个人尊严吗？你羡慕他那种“愉快”吗？

小者则更无从计算，也让人想不到。就说坐在第一排的这位老师，他从上课到现在，一直很不愉快，阴沉着脸，眼睛望着别处，不管你说什么，他也不看你一眼，也不在笔记本上记一个字。如果想在一上午保持这种目光无神表情呆滞的样子，对一般人来说还真不是一件容易的事。可是他竟能这样。谁惹了他？谁强迫他来这儿学习的？这位中年人遇上了什么困难，致使他如此一副悲苦无告的神情？

课间，他找到了班主任，说，全教室 8 个电风扇，偏偏他上面的那个不摇头，能不能找工人修一下。班主任很为难，说：“这是教育局借用的学校，我们不认识管理人员；你能不能换到有风的座位上去？”他回答说，他认为这位子不错，他只想修电风扇，让它摇起头来。我在一旁听了感到奇怪，因为这位教师的座位离空调最近，甚至根本没有必要开电扇。再说，由于开了电扇，噪音大，教师的讲课将极为吃力。

继续上课，他仍然板着脸不说话。他就这样一直没有表情地坐了一上午。

请原谅我说了这么一件有些无聊甚至很糟糕的事。我是想到，一位教师的思想在关注什么，势必会影响他的学生。就如上面说到的这几位教师，他们的价值观和行为习惯如果传给学生，实在不是什么好事情。

想想人生的大目标，去寻找真正的快乐去吧。

不是活泼，是缺乏教养

市里举办公开课观摩活动，各区县来了不少教师。上课已经十多分钟，有五位教师迟到了。她们从中门进来，开门关门的声音很大，惊动了所有的人，前面的学生也纷纷回头。五人中，有两位面有赧色，小心翼翼，蹑手蹑脚地往后面去找座位。另外三人则若无其事地东张西望；有一个最为过分：她穿着高跟鞋。很多人大为惊讶，她竟然毫无顾忌。她没发现自己的鞋后跟敲出的声音惊动了课堂，估计场上所有的教师和学生在不满的同时也都注意到了她那闪亮的头饰。

你说，她们年轻，对她们应当宽容，“改了就好”。她们有没有意识到行为举止的不妥，她们以后会不会改，我不敢说。我只知道，以这样的修养，很难成为一名学生认同的教师。

你说，这是“年轻人活泼”。这不是活泼，是缺乏教养。如果我告诉你，在文明国家的学校里，这样的事一次也不允许，也许你不信。因为仅仅以这样的修养，一个人就不可能取得教师资格，即使他已经有这个资格，也很难得到学校聘用。再说，一名教师以这样的年资，却习惯于这样当众展示自己的粗俗，学生对他的印象已经成形，他很难有改正的机会了。

要守时，不在公众场合喧哗，不要妨碍他人……在基础教育阶段，学生已接受了这类教育。很多行为教养，在幼儿园就开始了，在义务教育阶段就完成了。在文明教育中，任何人都该知道，言行的道德底线，是不妨碍他人。从小受这样的教育，自然就会注意修养。专制社会缺少这样的文明，也一度排斥这样的文明。我们曾对“人权”讳莫如深，许多人至今仍然不愿正视，这就在很大程度上压抑了人的自尊意识，并有可能促使人释放粗野。不但在基础教育中，在社会生活中，在日常工作中，我们常常缺乏对人的起码的尊重。社会体制甚至曾经无止境地干预私人生活。人丧失了自尊，直接的恶果便是不懂得尊重他人。像上面说到的那几位教师在公开场合的表现，几乎成为一种本能。那几位教师比较年轻，在求职前，她们肯定接受过礼仪教育，也知道如何表现自我，以给他人留下一个好印象；可是在其他场合，她们的“原生态”就显出来了。

作为教师，一旦有粗俗的行为，他在学生面前就很难有威信。有学生说到某教师的专业水平很高，课上得好，“很活泼”；说他上课吐痰，“隔两米多，一口就吐到洗手池里了，真准”。以后又多次看到有关这位老师上课吐痰的描述，学生也许比较宽容，只说他“计算精确，从来没有吐到地上”。十多年过去了，他的学生回忆他，仍然惊叹他的“吐痰技术”，至于他所教的学科，好多人已没有太大的兴趣。也就是说，他在一部分学生心目中，只是个“飞痰高手”。

前些天，有位青年教师很郁闷地对我说，他不想在那所学校待下去了，因为根据“体制文化”，只要校长不犯罪，就可以一直干下去，而他实在受不了校长的那个鬼样子。那位校长做了什么不得了的事而让他准备弃教而去呢？是酗酒。每有宴请，校长总是命令席上的教师：“喝下去！”“不会喝也得喝！要不看我怎么收拾你！”——而该校长在几乎所有的宴席上，总是像个醉鬼一样。这是性格豪爽吗？不是，是粗野。

教育者缺乏文明素养，他的学生就可能粗俗。现在，大家都知道，中国的教育根本不输在所谓的硬件上（至少在城市是这样）。在教育理念，具体到教师素养方面，我们可能比文明国家落后一个世纪。

你在生活中可以看到，粗俗的东西，任怎么装扮也脱不了俗；而从小养成的文明，不会褪色。

不要因为这样的话而自得

当你在学期工作总结或述职报告中准备写“任教班级成绩在年级名列前茅”“受到学生和家长的好评”之类的句子时，是不是该稍微慎重一些？想一想，这些，是不是你作为教师最想得到的东西？

经常听到教师得意地说这样的话：

“我班上的 ×× 说，他考这所学校就是冲着我来的。”

“××× 的妈妈说，他的儿子在学校只听我一个人的，其他老师的话他都不爱听。”

还有这样的话：“家长一听说要换 × 老师教他孩子的数学，立刻给校长打电话，表示不能接受……”

这些老师是在向别人炫耀自己在学生心目中的“地位”，以此说明自己的教学已经达到什么样的境界。

我听了之后一点也不为他高兴，反而为他今后的发展感到担忧。作为教师，他可能把自己的位置放错了。他好像没有把自己当做“传道授业解惑”之“师”，他也没有对照职业标准检查自己的工作，而仅仅把几名学生或家长的话作为最高的嘉奖。我不明白：那些话难道是表扬？作为教师，他没有认识到这个职业的内涵，他把教育工作等同于商业服务。他现在的地位，相当于一名普通理发师或是厨师。在市场经济环境中，作为消费者，有权选择消费层次，他可以不接受你的发型设计，不吃你烧的菜；他可以委婉地拒绝你，然而也必须是有礼貌的。

教师担负的是教育使命，特别是在基础教育阶段，学校教师代表国家和民族的教育意志，对公民实施教育，这不是做买卖，也不仅仅止于服务，不能忽视教育的教化功能；教师不可以牺牲自己的尊严去取悦学生和家长，他也不能利用学生和家长对教师的喜好作为向社会向学校讨价还价的筹码。教师利用家长和学生的选择来提高自己的身价，是缺乏自尊的表现。

教师必须通过教育教学，让学生敬重文化和文明，让学生敬重教育，敬重教师，敬重所有的劳动者。所有的这一切，是为了使学生获得教养，成为对社会有用的人，而不是为了证明个人的能力，证明自己具有超越同行的专业素养。

经常在体育比赛中看到运动员在战胜对手后跳跃奔跑，倒地狂喜，或是喜极而泣，甚至有极端的动作，我理解运动员的心情，因为毕竟冠军只有一个。然而教师没有必要这样。我们所做的工作，只是致力于人的一生中的某个阶段的某一方面的能力培养，而且会有很多人共同在做类似的工作。我们所做的工作可能要在很长的历史时期以后才能显现出来，教育工作的一个重要特征是“慢”，我们不可为一时的成功狂喜；再说，教育不是体育比赛，我们不需要“战胜”谁。

说学生听得懂的话

前不久，读一本《话语、双手与药——医者的人性关怀》，著者是台湾医学家赖其万教授。书的封面上，有这样一段话：

> 每当年轻的医学生问我，30 年的行医生涯里最重要的心得是什么，我总会说："我开始知道'说病人听得懂的话'有多么重要。"

我立刻想到自己的工作，有茅塞顿开之感。

赖其万大夫说，他在行医中经常发现，一些医生三五分钟就把病人"打发"走了。有病人问医生，自己生的是什么病，医生回答说"你这个病没有什么药医"，病人大恐——其实，那位医生应当说的是"这种病不需要用药，慢慢就可以痊愈"，可是他根本没有注意准确地表达。医患之间的一些冲突，可能正是医生"说病人听不懂的话"或是"不会说话"造成的。

我回忆自己就诊问医的经历，发现一些医生非但不善于"说病人听得懂的话"，往往也缺乏耐心，他们甚至不大愿意对病人多说上几句话。我想，在中国，但凡有去医院就诊经历的，可能都有类似的体会。

教学与行医，都以人为工作对象，两种职业有许多相似之处。

教师不了解自己的学生，对学生缺乏耐心，说话方式不当，都可能形成隔膜，使学生畏惧教师，从而失去很多学习机会。师生之间缺少必要的沟通，主要责任在教师。相对于二者关系，学生如病人一样，处于"受助"的位置。他是"求学者"，他本来就"不懂"，用旧时代的话说，教师的任务是“开蒙”,如果教师的语言艰深,不用学生听得懂的话教学,学生不知道老师在说些什么，那不是学生笨，只能是教师不懂教学。台湾出版家郝明义在回忆录《故事》中提到,他上高中时,第一节化学课上,老师就以一句“一个摩尔等于 6 乘以 10 的 23 次方个分子”开始，半个学期下来，还在重复这句话，结果是学生从此把化学丢在脑后了。

在教学不顺利的时候，教师们能不能作点反思：自己的教学语言是否有问题？因为我们面对的是一个个活生生的人，这些人的成长需要靠我们的耐心和勇气去实现，如果能时时想到每一节课，每一次谈话，都关系到学生思维品质的培养，关系到他的人格养成，关系到他个体生命的价值，我们可能会更加重视话语方式，加强与学生的心灵沟通。

审视自己的行医经历，赖其万大夫说起在临床教学中，他也常常当着病人的面，对学生和住院医生讲诊断，说些病人听不懂的话。他认为这对病人是不公平的，这样做没有以病人为中心。这种反思精神使我深受震动。虽然教育教学是技术也是艺术，但是我们在任何时候任何环境下，都应当把学生的成长放在第一位。教师在教学研究中，是不是也应当警惕漠视学生权利的现象？譬如，把学生当做一个分数，一种等次，某个类型，把学生的学习成绩用简单的百分比划在一条线上……虽然在工作中教师不得不做一些必要的统计，但应当想到：每一位学生都是有思想有情感的活生生的人。

简单的常识，往往也要我们用一生的职业生命去体验，即使我们在从业之初就知道的规则，可能也必须在长期的实践中才能真正领悟。

赖其万大夫认为，医生的职业是济世救人的良心职业，必须挑选优秀的有理想的学生从医,否则有可能贻害苍生。行医有这样的从业要求,教育何尝不是这样！医学家奥斯勒在他的《行医的金科玉律》(1903 年)中认为“行医是一种艺术而非交易，是一种使命而非职业”。我想，这句话也同样适用于教育。

课堂有你，更有学生

我的确不太愿意老师们在我的课堂上录像。有些课上得差强人意，会有同行埋怨："为什么不录下来呢？你是不是保守？"我不是那种不肯和同行分享快乐的人，我只是想到：我的学生可能不太愿意，所以还是不录为好。请想一想：你们来听课，或是我想到这节课将要留着作资料，无论如何，对这节课我会有所准备的；可是我的学生完全没有准备，他们在课堂上可能会有一些失误，本来，他们对自己的失误并不在意，因为这是"我们的课堂"——我和五十多名朝夕相处的学生的共同课堂，可是他们并不想在摄像机面前展示错误。如果我不由分说，爱怎么做就怎么做，我的学生会认为"这是老师的课堂"。

如果你不信，那请注意看：长期在摄像机镜头下学习的学生，在学习上往往最后自觉地成了配角。

有些学生上课时会分神，其实上课走点神也没什么。回忆你开会或是听报告时，不也常常因为报告人的演讲内容而分神吗？当然，兴奋也会导致分神。学生毕竟是学生，少听几分钟有什么关系？他由此展开的思维也许同样有价值。

我总想，中国的学生太辛苦，每天在学校要待上十多个小时，中午也没法休息，如果能让他们多睡半小时，该有多好！特别是上午最后一节课和下午第一节课，有经验的教师会发现学生的精神状态并不理想。中午下课，学生饿了，很想按时吃饭，这时找学生谈话是不好的。二十多年前，有位初一学生在下课铃响之前作起跑状，我特意留下了他，谈了一会儿，希望他注意形象，以后不要再这样。后来才知道，他听说食堂有盐水鸭翅，很想吃一回，怕去迟了买不到。这件事过去这么多年了，我一直有些遗憾：我当初有什么必要非得把他扣下呢？

学生的想象力是怎样丧失的？也许是因为我们的教育规矩太多，太具体。学校本是自由的天地，而我们的绳索太多太多，密得像网一样。孩子从小接受了过多的规训，他的行走必然会战战兢兢。不久前，我从李希贵校长的书中看到，美国幼儿园的孩子编出的故事千奇百怪。有的说早上是坐飞碟到幼儿园的，有的说今天早上吞下了一个太阳，口渴。教师说，其实很可能是坐别人家的形状比较特别的车来的，其实早上不过是吃了一个煎蛋。如果是中国孩子说这样的话，阿姨会说他胡说八道，甚至会让父母带孩子去医院看看。毕飞宇写过一篇《地球上的王家庄》，可以算是中国少年思维教育的袖珍版，那个只有八岁，“带着我的鸭子，一起到世界的边缘走一走，看一看”的放鸭儿童被当做“神经病”，让人发笑，更让人伤感。

现在的教学过于功利，忽略了学生个性的发展。传统的赞誉，是把教师当做园丁。想没想过，园丁的主要工具是什么？一把大剪刀。就这样修呀剪呀，我们训练（不是“培养”）出了一模一样的人。当然，什么样的教师，有可能培育出什么样的树。我们不能像《病梅馆记》记述的那样，让祖国的大地上长出形状各异的病梅，虽然也特别，一枝一个样，但那可不是健康的个性啊。

如果上课可以不用课件，尽量不要用。教师在黑板上写字，是一种文化熏陶。如果所有的教师都依靠电脑上课，我们有可能逐渐失掉母语教育的绝好传统。你注意到学生作业的书写吗？他没有从教师那里得到书写的示范。

不要保留学生的检讨书

听到有位班主任轻声关照学生：“还是写份检讨书吧，把事情的前因后果和自己的认识写出来，也算对自己负责。”——多熟悉的语言！

“检讨书”？我似乎已经不太习惯这个词了。从什么时候开始不习惯的，一时想不起来。但对那些年学校通行写检讨书的情形，记忆犹新。

我刚到学校工作，是在20世纪80年代初，那时不知不觉接受了一种形式：让犯了错误的学生写“检讨书”或“检查”（还有叫“悔过书”的）。当时真的是不知不觉，不动脑筋，看见其他老师这么做，我也就这么做了。那时的学生单纯，没有现在这样开放，虽然也常有违纪的行为，但社会的诱惑少，教师和家长的教育观念比较接近，容易沟通，并不难教育。孩子犯了错误，家长也很少护短，常常是在学校交了检讨书，回到家还得另给家长一份“保证书”。

现在不得不反思：写“检讨书”这种形式，是从哪儿学来的？于“理”有据还是于“法”有据？究竟有什么作用？而当年竟然一点也没去想。

看别人的检讨书是一种什么样的心态？当部分思考者开始反思时，我们该想到“检讨书”“悔过书”和“交代材料”都是在各种政治运动中发展起来的。教育界对“文革”前十七年的反思也很不够。记起“文革”前，有些教师经常批评一些学生“受资产阶级思想影响”，那些同学不过是爱穿件新衣服，不过是把头发梳成“二八开”，不过是辫子上扎了个蝴蝶结，也有的不过是发了几句牢骚。——现在看来，微不足道的一点点小事，当年经常被视为“思想意识有问题”，被一些有“极左”思想的教师挂在嘴边说个不停。有“案底”的同学也如惊弓之鸟，记得有个同学为了入团，只因为自己说过一些“自由散漫”的话，不知道向班主任交了多少次“情况说明”。而到了“文革”，倒了过来，轮到学生让教师写“检讨书”和“认罪书”了。缺乏平等意识的教育给几代人留下了无尽的心灵创伤。

可能是因为过多地记住了这种传统的“检讨”，我不大愿意让学生写“检讨书”，再说，写了也没有什么用。不就是为惩戒一下学生吗，为什么不能用和风细雨的形式？为什么不信任学生的认知能力？可是学校一直存在这样的习惯做法。当年我做班主任，不得不让一些“调皮蛋”写检讨书时，曾试图把它变成一件“一举多得”的事：我让犯了错误的学生“必须写一篇不少于800字的检查，其中必须有叙述、议论以及抒情”。这一招曾经很灵。——不是都怕写作文吗？这是最有难度的作文：清楚明白地记叙事件经过，并不难；对所犯的错误作出分析，发表议论，也能对付；可是该如何“抒情”呢？很难。于是经常听到犯错误的学生夸张地哀叹：“我怎么才能‘抒’出‘情’来啊，天哪，我下次再也不敢犯了……”每有同学犯错误，全班同学也都以极大的好奇心等待着他们的“抒情”，几乎每次听了都大笑，有些尴尬也就化解了。

——虽然不失为一种宽容，此法也许还是对付调皮学生的智慧，然而全部的教育意义也许就这样随之消解了；更不合算的，是把作文当成了惩罚，让一些学生学会了编假话。

其实这是很失败的方式。教师可以惩罚学生，但不要戏弄学生。

比这更失败的，是教师保留学生的检讨书。

学生毕业多年了，我偶然在保存的资料中发现了他们因违纪写的“检讨书”。我有些发愣：他们会想到有一份检讨书无意间被教师保留着吗？当初为什么没把这些东西还给他们？或者当众烧掉，或者——或者当初根本就不让他们写呢？留在那儿做什么？是留作耻辱的记录，还是作为秋后算账的依据，还是作为控制他们的把柄？

千万不要保留学生的检讨书，“文革”结束后，我们看到，当年的那些“检讨书”“思想交代”记录的是全社会的耻辱。那样的教训，永远不该忘记。

同样，不能鼓励学生告密。曾有教师得意洋洋地介绍自己“控制班级”的经验，那其中就有一条够“狠”，即“班委骨干汇报制度”：班委和骨干每星期的例会都要向班主任汇报学生中“捣乱分子”的言行动态，“以便掌握情况，及时教育”。——听起来好像“有效果”。可是初中学生的社会知识有限，他们也许并不知道这样的行为是对自我人格的侮辱。学生从这种鼓励告密的做法中得到了什么样的启示？他也许会觉得这是高尚的行为，是一种被信任的荣誉，是“好学生”的义务；他也许会认为，这是获得教师信任的一种途径，这是报复同学的一种特殊途径，这是握有权力的优势，这是被提拔成“学生头头”的机会……

我们是教育者，我们没有权利去审判学生；我们不要扮演圣徒，众生平等，所有的人都不过是人世间的匆匆过客。作为教师，无论如何不要伤害学生的尊严。

教师的心中要有阳光

二十多年前，一个冬天的傍晚，我去幼儿园接孩子，路过一间教室，看到那个值班阿姨蜷缩在小板凳上，双手抄在棉衣袖口里，愁眉苦脸，一言不发。让我感到意外的，是二十多个小朋友围坐成马蹄形，面无表情，寂无一声，竟有不少孩子也把双手抄在袖口里！我起先以为是做游戏或是阿姨要讲什么故事，站了一会儿，发现不是那么回事：那位阿姨仍是一脸愁容。我震惊了。这位阿姨可能不认为自己是教育者，她把自己的忧愁传染给了孩子。也许是因为天冷，也许是因为生活中遇到了重大困难，也许是因为患病，也许是同事之间有不愉快，可是，她忘记了自己是教师，忘记了这会儿是和孩子们在一起！我甚至想，这可能就是她的常态，而这种素养是不适宜从事教育工作的。教师的心中没有阳光，学生的心灵上就有可能添上一分阴暗。

回忆中学时代的一位语文教师，在一年时间里，无论课上课后，我没看到他笑过一次。记忆中的他总是板着脸向学生提问，而他的眼睛却从来不看着人。在“文革”期间那种严酷的政治气氛中，这副冷冰冰的“契卡”式的脸给人以威压，至今一想起他，我就觉得当年的课堂真的很是无趣。

你们年轻，年轻真好，和学生的距离小。但是与学生沟通，年龄不是最重要的，重要的是教师的心态。让学生喜欢你的课，不是哗众取宠，除了学养，可能还取决于你有没有教学的激情，能否让学生在你的课堂上尽情地表现自己（哪怕犯点错误）。中小学的课堂，除了有探索和发现，有理智与情感，还应当有孩子的童趣，有少年的率性，有青春的诗和梦……如果教师辛苦工作，可是却无法让学生热爱课堂，这位教师的工作就没有什么价值。

教师的言行对学生影响很大。我以前喜欢穿圆口布鞋,图的是舒服，并不在意别人说土气（不想风水轮流转，其后竟成时尚），在教师崇尚西装革履的年代，是很落伍的。小女生见我穿中式棉袄和圆口布鞋，背后都喊我“老头子”。谁知一学期下来，没留神，班上有三四个男生也穿起圆口布鞋来。家长会上，有家长笑着说，孩子闹着要买圆口布鞋，今天见到王老师才知道是怎么回事。没想到教师的言行对学生会有这样的影响，那以后我就谨慎起来。可是这件事也得反过去说：千万不要对学生的装束过分注意，除非太出格。

一节语文课后，学生或感动，或激动，或疑虑，或感慨，或悲伤，或有不平之气，或有醒悟，或有疑问，等等，都是不错的结果，因为学习中有情感思维活动，这些，都会促进学生的心灵健康发展。如果学生听了一节语文课，做了作业，却像什么也没发生一样，那是最糟糕的。

有节课，说到巴尔蒙特的诗句“为了看看阳光，我来到世上”，看到有几位学生眼睛发亮，有一位激动得泪光闪闪。我喜爱这句诗，为之而感奋，我也为学生的感奋而激动。我觉得，青年的心中装着这样的诗句，他的人生就会一直被光明照亮。

第二辑　不要急

那故事是我的
力戒浮躁
不要急
愚蠢者的“苦干”
“没有问题”是大问题
课前紧张是正常的
教师不是演员
在教学实践中创造
仍说“教是为了达到不需要教”
我们将留给学生的记忆
让学生喜欢我的课
教师应当比一般人“会学”
不能让学生认为我们不认真
不能疏忽的教育细节
不良习惯是哪里来的
做一个让孩子们信任的人
教师仪态也是“范”
学校的一切都在影响学生思维
必须遵守的教育伦理

那故事是我的

有些话，私下里说不会伤人，也不会造成误会，我就直说了。我觉得你的学习观可能不一定正确。你说读谁谁谁的书，觉得他的研究才有价值，有那么多高论闻所未闻；你说听过某“大师”的课后觉得自己从此不配教书……你当了十年教师了，怎么可以把自己的实践贬得一文不值？这种虚无的态度，会使你在以后的工作中妄自菲薄，自我矮化教学实践的意义。

我们应当尊重理论，但是过于崇仰理论家，也有可能丧失自我。

近十年来，一些教师热衷于总结标树自己的教学理论和教学法，好像成了一种风气。有时打开报刊,看到那么多一线教师被冠以“大师”“专家”和“学者”头衔，我就比较困惑。我对一些相识的教师朋友直说：理论家已经够多的了，我们就不必去冒充了。我们最重要的工作价值在于实践，教育工作也不是单纯地为了验证理论。同时，教育理论也是在教育实践的基础上逐步向前发展的。对教师而言，他的最高境界就是在实践中创新。

我们不要忽略自己的职业作用，每一位教师的教学故事都应当是独一无二的。

1985 年至 1987 年，我几乎每天都写教育教学笔记，这些笔记短则三五百字，长则千余字。写这些笔记，是感受到工作的趣味。教育教学中有许多事是教科书和理论书籍上没有的，即使书中偶有实践例证，也未必赶得上我在工作中的发现有趣，我愿意把这些事情和感悟记下来。比如，我根据一些学生的性格特征对他们今后的发展作了预测，我甚至想，等他们到了我这个年龄，拿出来和他们一同分享。当然，这中间也真实地记录了我的教育教学工作的失误。我那时真的没有什么经验，一些想法也比较简单幼稚；但是，教师充满激情地教学，又能理性地反思，他才能享受到工作的愉快。

市教科所有位从事德育工作的老教师来访，发现了我的笔记，她要求借一本去看一看，我无法拒绝。没想到这本笔记流传到好多地方，人们各取所需，各申其说，一年半后才回到我身边。1988 年，有两位教育学博士分别寄赠她们的博士论文，后记中特别就引用我的工作笔记致谢，我才知道那本笔记还帮过博士们的忙。

不要迷信专家和“大师”。我们经常看到教育专家和教师之间的冲突。教育专家往往认为一线教师的工作都是错的，没有价值的，是低水平的重复；而一线教师认为教育专家们“看人挑担不吃力”，私下发牢骚时经常顶出一句“你来试试”。

要尊重学历教育，但不要迷信高学历。有青年博士在座谈会上发话：希望老师们多提供一些课例，让我们搞研究的能积累点素材。博士的年龄，比在座的老师要小二三十岁，但是他就这样坦然地说了。有人问博士：你说研究基础教育，你在中小学教过书吗？博士说，我大四的时候实习过的，上过十几节课呢。于是谈话变得很困难。事后博士认为老师们冷落了他。有位教授说，他看一位博士的论文，术语过多，语句繁复，实在看不懂，就让博士自己说一遍，结果博士用大白话说清楚了。可是为什么不能用简约平易的表达方式呢？博士很诚实，说：“不弄复杂了通不过。”同样的情况也有另外一种结果，让博士说，结果他自己也说不明白，大概可以说明这是底子过差，经不起自我折腾，一演就砸自己的脚。从事理论研究的人如果盲目追求高学历，轻视实践，他的理论研究可能不会有什么价值。

基础教育阶段，我们所做的许多事也许没有超过常识范围，但那些过程有你的愉快，那些感悟和发现来自你的实践——那故事是你的！

1988年，有编导来学校“体验生活”，后来把我1986年的一节作文课的实录作了点改动编进剧本（那节课我出的作文题是“我为什么忘记了父母的生日”和“我是怎样记住父母生日的”），电影公映后多次获奖。有位老教师说：“编导至少应当和你打个招呼，这也是知识产权啊！”我不以为然。我们当教师的，每天和学生在一起，共同创造教育的美好，什么时候会纠缠那个“发明权”？教师的很多工作不过是验证常识，然而那些故事是你的，你的作用，可能谁也代替不了。

力戒浮躁

我无法想象，你怎么有精力参加那么多的“课题”？你用什么时间去备课呢？你又哪里有时间读书呢？“课题研究”有些滥了，有个教育学会管理的“省级课题”竟然达到一万五千多个。有些课题简直就是垃圾，消耗大量的教育资金，没有任何价值，至多为个别人申报“成果”提供了方便。

《伊索寓言》里怎么说的？猪对狮子炫耀：“你一次只生一个小狮子，我一次能生 12 个。”狮子说：“你别忘了：我这是一头狮子。”你不妨审视一下，看看你参加的那些“课题”……

何必总想着要在课上“出新招”？创新不是为了出风头、抢风头。教育界总有些人巴结媒体，热衷于追求“轰动效应”，一切为着出名。有些人成天想弄出点动静来，让全省知道，让教育部知道，或是让所有的同行知道。那样做必然背离教师的职责，背离教育的原则。

一节课究竟上得如何，主要看学生的反应，也在于教师能有理智的判断。我劝你不要过于在意评委的意见，事前无论如何不要和评委有直接的联系。你不是为评委上课的，你面对的是自己的学生。如果你的教学是合格的，你就会比任何人都了解自己的学生。

不要刚刚有个想法就急于向别人介绍（有人把这叫做“抢注”）。和同行比，你只需考察自己做得对不对，做得好不好，而不要和谁去抢“发明权”。对那些动辄喜欢说“我在国内第一个提出……”的，我懒得说些什么。那么多汉字，有哪一个是你造的？以你的学养，除了有些病句是你的独创，你几乎不可能有什么发明权。

不要动不动就是“国际水平”“国内领先”,“卓越”“开创”,没意思。那是官场吹牛、商家抢生意用的一套。高素质的教师总是远离这类语言。

不要动不动就“总结”，说自己做的事全是“史无前例的”“开创性工作”，“成功地改造了什么”，“填补了什么空白”……你把本领域的文献全看过了吗？你把中国的、外国的“史”全读了？你那些贻笑大方的、违背常识的言论，有可能随着你的吹牛传遍教育界。

不是什么东西都能当做“成果”的。不要动不动就归纳自己的“××教学法”，不要过早地归纳自己的什么“三个特点”“八个一”或“两大贡献”，在中国近百年的教育史上，很多东西连昙花一现的资格也没有，不管你如何吹嘘，早晚灰飞烟灭。

在任何时候在任何人面前都不要自吹自擂，我们是教师，要摆正自己的位置。像你这样的年龄，要敢订十年计划，沉潜十年，从最基本的工作做起，不要老去想“出人头地”。

多看看别人在做什么，不能以为自己看过的书世上所有的人都没看过——除非这本书是你自己写的,只印了一本。我们中国有十几亿人呢。

多了解同行的思考,多看他们思维的长处。找到自己不如他人之处，也就有了学习的目标；如果时时“老子天下第一”，目中无人，你的工作也就没有什么价值了。——更糟糕的，是学生会跟着我们学!

上次我们去听报告，报告人说得天花乱坠，听报告的人却认为破绽百出,你们几个觉得好玩,在小本子上记了好多条。这虽是人家的洋相，我们自己要警惕。

无论是在公开场合或是在私下，都不要贬低同行（特别是那些薄弱学校的同行）的工作。大家的工作条件不同，教学对象也不一样。他们的工作比我们困难，付出很多，收获有限，由于评价机制不合理，他们的工作没得到应有的评价。

有些表扬是很随意的，不要信以为真。学校在大会上表扬学生，说军训时民兵训练基地教练很惊讶：队列训练，正规军、民兵需要多少天多少天，我们的同学 7 天就能完成……

——这种轻浮肆意的表扬会给学生留下什么样的印象呢？如果学生也同样不思考，他会觉得，当兵是一件舒服事，正规军人素质并不高，民兵也很笨，就这种“一、二、一”的训练竟然也比不过高一学生；他会对军人失去应有的尊敬；他会认为今后的困难不过如此；他会认为自己简直相当于“特种兵”了。可是你再看，才过了几天，学生做课间操，都要一大帮各级干部监督，即使这样，也都有气无力，动作不到位。

浮躁之风一旦传给学生，祸害无穷。作为教师，岂可不慎！

不要急

我还是对你直说。

无论是对学生的教育，还是自己的专业发展，好多事，都不要急。

年轻真好，但是，无论如何不能以为这个年龄什么事都可以去做，也不要以为这些事只要靠精力足就能做成。

我常常想，虽然有高远的理想，但是以我们的能力和精力，可能一生只能做成有限的几件事，同时还要付出比较大的代价；而即使付出比较大的代价，或许这几件事也没有做到让自己满意的程度。

我觉得你对未来的期待应当肯定，但不能操之过急。

你毕业才两年多，刚刚立足讲台，为什么就要急于报名去参加“赛课”？市里给的名额少，学校没有推荐你去，你闹情绪；一个学期过去了，你还在数落这件事。其实，即使派你去，评上一个什么奖，可能也不会为你的业务发展带来实质性的变化。你说，好多大学同学都去了，连水平低于你的同学也得奖了，你觉得自己本可以更有把握……可是，这不正说明那些赛课未必有太大的意义吗？

看到有些青年教师因工作出色受表彰，有了“称号”，你感到自己“进步太慢”，因而自卑，焦急。我觉得你这样的情绪可能不适合做教师，更不适宜当班主任。很可能的，你自己还是个需要接受心理辅导的青年，你站得不高，你教育别人的“本钱”严重不足。

同事上了一节课受到好评，你为什么会焦急起来？大学同学在专业期刊上发表了一篇教学论文，你看到后为什么不为他感到高兴，却沉默终日，寝食难安？因为没有评上“校文明班级”，你在会后立刻把全班同学留下来，“找差距，订指标，表决心”，恨不能下周就重评一次……

为什么要这么急躁？你在追求什么？教育的一个重要特征是“慢”，教育教学是“慢”的艺术，教师自身的专业发展也需要一个很长的时期（也许直到退休）。欲速则不达，真正的“慢教育”可能比你我想的还要慢，不可能以我们个人意志而转移变化。我们今天所做的一切，必然要在一个漫长的岁月之后才能看到效果。我经常想到：我们今天不可能准确地评价自己；而过高过早地自我评价必定自欺欺人。

我当然不是动员所有的教师都去坐冷板凳。我是想到，今天的体制倡导的一些观念，教师热情投入的一些活动，过若干年一看，也许是滑稽可笑的；而尊重客观规律的辛勤耕耘，没有功利意识的沉潜，才有可能使我们所从事的工作变得有意义。

有位二十多年前的学生后来从事科研工作，我问他：你现在所做的研究项目大概要多少年能完成？他说：“我在做博士后阶段就动手了，到现在已经有五年时间，再有十三四年就差不多了。”我很感慨，一个35岁的青年，他在做一件事，这件事将要用去他一生最宝贵的时光，而他根本不去想这件事能不能取得“成果”，也不去想这件事能给他带来什么样的利益，他的注意力全在做好一件事，根本就不去想其他；虽然他周围的人，“做成了”好多事，也有人每年会把子虚乌有的“成果”拿去“申报成果”。听他平静地叙述曾经遇到过的困难和将会出现的障碍，以及他的研究对攻克医学难题“有可能起到的作用”，我就觉得，这是我们应当教给学生的科学态度，也是我们教师应当具有的教育精神。

世界上一些著名的雕塑作品，艺术家经常要用一二十年完成；欧洲有些著名的教堂，建造期长达一二百年。现今的“中国速度”，三天建一层楼，百层高楼一年完工的新闻，也常能看到。而这些建筑再过五百年能不能成为经典之作，就很难说了。你看这些年盖的楼，往往刚造好就被批评，不但丑陋，质量也很差。

教师的工作，很大意义上也是留给未来的。至于我们的劳动价值，可能也得让后人去评说。为了明天的“不后悔”，今天就不要急。

愚蠢者的“苦干”

在学校，经常看到一种“吃力不讨好”的教师：他成年累月万分辛苦，可是学生不喜欢他，家长也怕他，同事碍于情面没法明确地向他提出建议，领导不好意思指出他的问题；他很努力，他认为自己的工作是出色的，然而他不明白为什么教学效果不好；他越是努力，事情就越发糟糕；有些事他不过问，问题还不太大，如果他感兴趣，这件事就有可能弄得不堪收拾。这简直成了悖论。

江苏省有位校长对我说，他认为教育界最可怕的事是“一个愚蠢的校长事必躬亲”——用他们的自我标榜，就是“用心、用力、用命”。然而他们就是不肯动脑筋。我们把这句话演绎一下，同样地，在学校工作中，最可怕也是最常见的现象是：一个愚蠢的教师在辛勤地工作。

一名品格自私、精神境界不高的教师，他对学生教养的形成会有负面作用，但是这种负面作用也有限：毕竟学生有基本的道德评判标准，有的可以依据最简单的道德观就可以作出自己的判断，并据此决定是否接近教师，是否接受他的影响。

然而，一名在辛勤工作的愚蠢的教师，他的破坏作用就大得多。他不聪明，本是他个人的不幸，而当他通过辛勤的工作，把一百多个原本可以变得聪明的学生教育得和他一样蠢笨时，教育的不幸就出现了。因为他越是“辛勤工作”，他的学生越是摆脱不了他。

如果这些教师没有意识到自己的愚蠢，他有可能在工作中刚愎自用，形成更大的危害；也有些知道自己不聪明，想“以勤补拙”，想到要多流点汗水，想到要多花点时间，可是这样做不可能使学生的学习得到有效的发展。

我们在学校里可以看到，教育凭借的是人的爱心与智慧。爱心是教育者的天性，智慧教会学生如何使用爱。传承爱心与智慧，几乎就是教育的全部。

我们有许多教师缺少的就是教育者的这种禀赋，他只会简单地说“严是爱，松是害”，于是我们经常地看到：一个愚蠢的教师用自己的标准在具体入微地管理五十多个聪明的学生……

我在说这些话时，有位我尊敬的前辈提醒我：“你这样说会伤害老师们的情感。”可是我每次作完讲座，都有老师给我写信，说：“你的话让我无法平静，我的确是那种愚蠢的教师，我得改变自己。”“我从此要做一个有智慧的教师，否则我的工作是没有意义的。”

“没有问题”是大问题

如果学生总是说“没有问题”，可能恰恰是我们的教学出了大问题。

为什么在基础教育阶段就要培养创造意识？为什么说少年儿童的想象力是可贵的？为什么我们要让孩子们保持好奇心？为什么有经验的教师会特别注意善于提问的儿童？因为这一阶段，是人的大脑的主要发展时期，一些基本素质要在这一阶段形成。这一阶段智力习性的可塑性最大，而过了这个阶段，他的发展有可能很有限。中国民间的所谓“三岁看小，五岁看老”，虽有所夸张，但不是没有道理的。如果在儿童时期就没有对外部世界的好奇心，缺乏对外部事物的敏感，没有发现问题的能力，也就不会有探求精神，他的思维水平也就不会太高，他的成长会很缓慢，而且极有可能变得平庸。

学生缺乏问题意识，提不出问题，无法辨析问题的价值，是应试教学模式下最令人担忧的问题。很多学生考试成绩好，但他们提不出有价值的问题（同时也满足于“没有问题”)，因而也很难从学习中获得乐趣；他们缺乏自主意识，离开了教师和家长监护，便不知道自己该做些什么。

我们的教育教学似乎无所不能，什么问题都可以解决；学校也向学生传达这样的信息：请放心，一切问题都在有条不紊、按部就班地解决。学校对学生善于发现问题总好像有种不安，教育者对青年有独立思考的能力往往非常担忧，一旦他们有自己的思考，一旦他们有了质疑意识，一旦他们学会了批判，往往便视之为异端，而丝毫没有认识到，这正是教育的成功。在这一点上，中国的教育背离了传统。现在社会谈起孔子和《论语》，好像很热闹。孔夫子的时代，“问题意识”非常强，一部《论语》，几乎全是师生之间的“启思”与“导疑”，而专制制度逐渐发展完备后，哪里还有什么怀疑与批判精神！

当一种教学形式被固化后，学生的思维方法便很难得到有效发展。思想可以自由地飞翔，环境不一定能限制思维；而当接受信息的环境长时间地被封闭，自由意识长时间地受到压迫，人们习非成是，畸形的世界观变为主流时，人的思维也会逐渐扭曲、怪异直到僵死。

无论如何，教育教学不能“唯分数论”，比分数重要的是学生思维品质和解决实际问题的能力。数学家陈省身先生曾给中国科技大学的少年班题词——“不要考 100 分”。中国科技大学前任校长朱清时院士也说过：追求考高分的名校教育其实最不利于出人才，名校的高分压力使得很多优秀的人才被扼杀了。朱清时认为学生能考个七八十分就行了，不要为了考 100 分在细枝末节上浪费时间，因为为了这一二十分，摧残了孩子的创新能力，浪费聪明才智，让人格、品德扭曲僵化，让他们沦为考试的机器。目前很多教师用过多的检测、考查“调动积极性”，“督促”学生学习，而学生用于思考的时间非常少，他们几乎没有时间理智地分析自己的学习状态，更难得去思考一些有价值的问题。有位教师打了个形象的比方，他说：“频繁的考试如磅上称猪，用拼命喂食的方法去增加体重。”急切地追求立竿见影，剥夺了学生通过思考形成方法的过程，扼杀了学生的创造意识。

有所学校听了专家的报告，要求学生“开展学习的革命”，具体措施是“每人每天向每个学科教师提 10 个问题”。学校这样机械地把调动学生思维活动变为具体的任务，实质仍然是不懂教学常识。学生没有思考的动力，提不出那么多问题，就不得不问一些非常琐碎，甚至低级的问题，结果让各科教师感到不胜其烦，连正常的课也维持不下去了。这当然是个极端的例子。

鼓励学生发现问题，是正确的教学方法。只是一旦变成硬性规定，便十分荒谬了。

我曾遇到这样的学生，他也准备向教师提十多个问题。在这里，他显然缺乏自主的思维意识，同时他把教师当做了无所不知的人物，因为他只想在很短的时间内得到答案。而我觉得如果教师回答了他那些不经思考的问题，有可能毁了这名学生。

我请学生分析他准备好的十个问题，挨个把这些问题一个一个地“过堂”：哪些是没有价值的？哪些是“明知故问”的？哪些是通过与同学交流可以解决的？哪些是稍稍认真看一下教科书就可能解决的？哪些是大而不当的？……如果允许你保留三个问题，你留哪三个？如果教师只能有时间回答你一个问题，哪一个是非问不可的？……

这实际上对学生的思维提出了要求。一些问题在这样的追问下获得解决，最重要的，是他学会了思维而不是乱问。

我见过这样的学生，他遇到问题总是不加思考，立刻就问；学期结束，他在“申报三好生”的“事迹”一栏中写过一句“遇到问题总是能不耻下问，及时去找老师”。对这种自我感觉过好而实际学习能力不强的学生，教师应当及时提醒，启发他改进学习方法。我们不仅要解决学生学习的困难，还应当关注他们的语言修养，不能让他们在走上社会之前养成粗疏的习惯。

课前紧张是正常的

我年轻时，每学期开学前，特别是即将带一个新班之前，我多多少少会有些不安，有时甚至比较紧张，直到几节课上下来，才逐渐正常。这种情况一直延续至今。但我很少对别人说起，我弄不明白是怎么一回事，甚至怀疑是缺乏自信的表现。2004 年春，钱理群老师到我校来开“鲁迅作品选读”选修课，开讲前一天，他对我说 ：“我有些紧张，我们出去走走。”我笑了起来。钱老师说 ：“我一直是这样。每次面对新一届学生，我都会这样。我不知道他们是什么样的状态，我担心他们不接受我。”

他这样一说，我便释然了。钱理群老师大学毕业在贵州教中专校，后来在北大任教，四十多年教龄，仍然如此，我那点紧张就更不算什么了。但这究竟是怎么回事呢？

可能的原因，是我们比较敬重自己的职业，尊重自己的学科教学，看重学生的感受，对自己的教学有所期待。一名教师，心中有使命感，心中有学生，才会很在意学生对他的态度，在意学生的接受度。走进教室，看到五十多个学生在等你，不管他们来自什么样的家庭，不管他们有过什么样的学习背景，从这一天起，他们要和你共同度过很长的一段时间，如果我们相互难以接受，对任何一方都可能是件痛苦的事。

大四时，我到中学实习，第一次上课，上高尔基的《母亲（节选)》，教案写了七八千字。指导教师说 ：“你的教案写得太长了，我看不过来，新教师怎么都这样‘抖呵’（方言，意为过于认真）？”我还算好，毕竟是年过三十的老学生了，有些同学比学生只大三四岁，上课前还真发抖呢。接受新班，走进教室，要说一点异样的感觉都没有，不大可能。

因为对教学负责，因为对学生负责，因为想把课上好，才会有这样的紧张。如果一名教师进教室时什么都不放在心上，他当然就会无所谓。

当然，年资高了，课堂教学进入化境，“以神遇不以目视”，什么都置之度外，也许会很从容。那样的教师毕竟不多，我快退休了，却一直没达到那种境界。

我也问过学生：到这所学校，每个学科的第一节课紧张吗？学生说，还算好，我只怕老师提问，如果老师没注意我，我就不会紧张。

其实，在第一节课前，学生往往也紧张。他或许在想：这位老师的教学风格是什么样的，他能不能接受我，他会有什么样的要求，我能不能达到他的要求……现在学校里安排工作一般是“小循环”，三年一轮。如果这门课轮上一位他一时难以适应的教师，学生在起始年级肯定会有很大的压力。

也就是说，在新学校或新生入学之际，教师和学生都会有紧张的心理。知道这些，有些担心就没有必要了。

教师不是演员

一位走向成熟的教师总会希望能在课堂上发展并保持自己的风格，同样也希望学生能接受自己。特别是有了一定年资后，这样的期待有可能会变得强烈。很多青年教师开公开课，免不了“妆罢低声问夫婿，画眉深浅入时无”，有的下了课追着老教师或是专家征询，非常希望得到赏识。

曾听一位教授说过：教师要像名角，一上台就满场喝彩。我认为这样的要求可能未必有什么道理。教师非但不能像演员那样“表演”，更不能像某些名角那样完全不考虑观众，陶醉于自己的艺术阐释之中。名角登台，必有轰动效应；戏迷进入“忘我”之境，不再思考杨贵妃为何醉酒，而只迷梅兰芳之身段与水袖。名角的任务是“演”，并没有义务鼓动观众“学”。演戏与教学，是两回事。

教师是“师”，不是演员。相声演员过去有一套“学话”，能说各种方言，能唱许多地方戏，观众不知道的他都能来。戏曲演员还有一种“唱堂会”，点什么唱什么。学科教育，有课程标准，有教学目标，上课不是“唱堂会”。曾听到有教研员对教师说“你下个星期上节说明文课给我看看”，很像拿着剧目单点戏文。旧时在南京街上，听到路人对捏糖人的手艺人说“你替我捏个老鼠”“你给我来条龙”，因为他付钱，就可以任意要求。我觉得那位教研员可能不太懂教学。教科书的编排有章可循，教师有自己的教学设想，学校和教研组、年级组备课组也有自己的教学计划，更重要的，是学生的思维培养有一定的计划步骤，怎么可以像演戏一样只考虑观众的口味？

为什么有些公开课“好看不好学”？正是其中表演的成分过多，也可能是上课教师的经验被听课教师误认为是表演。

教学上的“拿手好戏”常常是方法或是“技术”，而不是“戏”。优秀的教师，了解青少年思维的共性，了解教学班级学生思维发展的特点，知道学生对教师提出的问题会有什么样的思维过程；他善于和学生对话，倾听学生的发言，从中找出合理的有价值的内容，并进一步启发学生深入思考。

优秀的教师经常能在很短的时间内了解授课班级的大致情况，看出哪些人善于思考，哪些人仅仅是爱说话，这种观察经验，需要一段时间的磨炼。所以当听课者看到他“借班上课”，像是在给自己熟悉的学生上课，能娴熟地安排学生的学习活动，看到其课堂教学组织得心应手时，以为很“神”。其实他哪里是“借班”，他“借”的是自己几十年的教学经验与人生经验！

教师上课，有些是听课者看不到的东西，没有注意到的东西。比如那些隐含在教学细节中的备课思路，体现了教师的思维、对话风格，如果照搬照套，很难成功。而即使作为演员，在舞台上照搬照套，惟妙惟肖，以假乱真，人家也至多说“这是小梅兰芳”“小小梅兰芳”，而不是他自己，“我”没有了。

以前我曾和同事开玩笑，说每一片小白菜叶子都有可能长成一个模样的大白菜帮子，物有物性，按照自身的基因生长。可是课堂教学是那么“活”的现场，哪能做得一模一样？再说，对教师的最终发展而言，这种“模样”又有什么意义？

教师不要把自己当演员。你的学生喜欢你的课，主要是因为你引导他进入有意思的境界，通过你的教学，他学到了方法，发现了智慧，而不是在看一场演出。

在教学实践中创造

为什么很多人不重视教师的作用，不把教师作为专业人员？为什么社会作了很多努力，教师的社会地位仍然没有得到实质性的提高？这些，与教师自身的发展状况也有关系。20 世纪 80 年代，有大学教师私下对我说，一定要离开中学，“中学教师的工作是重复性的，不会得到发展”。当时我不解，问他：“大学的教学难道没有重复性？”他回答，高校可以通过科研，逐渐脱离教学，争取较多时间从事研究，而中学教科研水平很低，中学教师也不可能有多少精力从事教学研究。——他的解说当然是错误的（更何况他一心想让子女接受最好的中学教育）。可是从某种意义上说，他的话也揭示了一个问题，即：重复，有可能导致创造性丧失。

通常情况下，这种“重复性”会使一种工作变得枯燥、单调。教师如果从事循环教学，三年一个小循环（业内称之为“一轮”），他就会以这种循环来计算自己的工作年限，他会说“我再带三届就可以退休了”“我还要再带两轮”。有些教师的教案早已破烂，然而对他个人而言，“很值钱”，因为如果教材不变动，他几乎可以不重新备课。

有位年过而立的教师告诉同事，她“已经五年没有看过一本像样的书了”，但学生还是比较喜欢她的课。因为日常教学在她不过是重复劳动，学科教学内容也没有什么变化，五年前的学生需要她那样教，五年后的教学可以依然如故。在她个人而言，一切已是旧的，熟的；对学生而言，基本上却是新的，陌生的。中小学教学中的简单重复导致一些教师的工作技术含量变小。我由此发现了基础教育某些僵死症的病因之一：

教育应当是动态的过程，教育者却可以凭静态的知识储备去完成，教师也就会缺乏专业发展的追求。如是，教师的教学完全可能被其他形式取代，特别是在远程教育高速发展的今天。

说到经典作品的教学，我推崇法国批评家法朗士的那句“灵魂在杰作中的冒险”。同理，我想到，在文本教学中，只能用单一手法的教师，他的工作乐趣是短暂的，只有在教学中不断探求，才会有勘探者、拓荒者的乐趣。所谓“三斧头”，人人会学，人人学得，如果满足于用一种模式完成教学任务，如果一个学科教学中大部分教师都遵循既定的模式照本宣科，非但教师缺乏教学风格，培养出来的学生也有可能出现同质化倾向，学生个性也就不可能得到发展。

我大学毕业前在中学实习，听指导教师说《祝福》，有板有眼，头头是道；高校毕业后到中学教书，听了同事的课，才知道这套“教参”是全国中学语文教师上课的法宝，用这种统一模式，不会出乱子，当然也难以有智慧。以后中国的高中学生都知道“二进鲁家，三幅肖像，四根绳索”，至于鲁迅的创作是否如此构思，则没有谁想到要去探究。那时我就体会到，这种“重复”将会使教师终身得不到有效的发展。

20 世纪 80 年代，无意间从一份资料中看到，鲁迅在《祝福》中关于钱的记录很有价值，我思考后觉得有道理，可以借此让学生关注小说中的细节。我在教学中设计了这样一个问题：“找出作品中有关钱的描写，说说这些描写在作品中起到什么作用。”学生对此很有兴趣。后来有位学者质疑：你这样分析并没有什么突破，分析的结果不还是“四条绳索”吗？——我不否认这种教学思考仍然有局限性，但我认为，这至少比按通行的思路教学有所变化。对改进教学而言，这种变化的作用也许有限，但是能跨出一步，总比原地踏步有意义。更何况在中学语文教学中，我们也还需要“共同基础”。虽然当时我可能还停留在探讨“绳索”的原位上，可是在探讨的过程中，学生发现：经典作品中的细节处理很有讲究，有了细节的真实，才能有小说的高度生活化，在以后的阅读中要特别注意。与此前的教学相比，学生多了一种思考问题的方法，懂得分析作品主题的切入点不止一个。这种效果也是显而易见的。

随着对鲁迅作品的理解加深，我想到，鲁迅写柳妈也是很用心的。我在此后的一次教学中，第二课时即请学生写一则三百字短评“论柳妈”。我的设想是：如果学生能认识柳妈这个人物在小说中的作用，这篇作品可以不必多讲了。还记得当时学生发言有几点令我意外。有学生说，如果柳妈也“二次嫁人”，她会和祥林嫂一样恐惧；如果她三次嫁人，则绝对不会那样有些阴暗庸俗地对祥林嫂谈“锯成两半”的鬼话，造成祥林嫂极大的恐惧和心灵的痛苦。当有学生指出“如果柳妈和祥林嫂互换位置，祥林嫂也可能会像柳妈那样”时，引发了课堂论辩，有同学发言指出“这种可能性不大”，理由是“因为她是祥林嫂”。我高兴的是，由于学者们介入中学语文教学，给教师们带来了更多的教学思路，即如“大家仍然叫她祥林嫂”一句，在爱思考的教师那里，就能把一堂课上活。

有创新意识，教学中就不断会有新的发现。由于基础教育阶段的教学特点，也由于语文教学还处在一定的束缚之中，我们在教学中的创造和发现也许是有限的，但是，如果我们没有创造意识，非但学生从我们这里学不到什么，我们的工作也将是简单重复，非常无趣的。

仍说“教是为了达到不需要教”

“遇到难题，也让学生探究吗？”课改以来，经常听到教师这样问。被问多了，只得再从头思考一下基本教育观念问题。

教育学家托马斯 · 阿奎纳说：“教学是教师试图借以摆脱学生的一个过程。”而我愿意从学生的立场来表述这句话——学生的学习过程，实质应当是尽可能有效摆脱教师的过程。

我正在带最后一届高中生，因为我已经面临退休。我不止一次地告诉他们：同学们，相对于早些年的学生，你们并没有任何优势，问题在于你们根本不愿主动学习。你们像一尊敞开大口的容器，在等着灌输（甚至是堵塞），而没有主动寻找和发现问题的意识。不会学习，是当今学生最大的学习困难。

两位高一学生课后到办公室来找我，问她们有什么问题，回答是：“我们想知道议论文应当怎样写。”——我没有拒绝学生的习惯，但我实在无法在十分钟时间内回答这个问题，而且我认为这是个没有经过思考的问题：学了十年语文，怎么会问出这么个大而不当的问题？不会问，便乱问，为问而问，根子在于不会学习。

我大学毕业那年，教的是初一。我批改学生的作文，总是按老教师说的方法，精批细改。但我的学生作文并没有明显的进步，他们甚至连病句错别字也难得纠正。有一回有位家长（他也是一位教师）提醒我：对学生作文没有必要精批细改，重要的是要让他们有动手修改的意识，自己会改，才有长进。我若梦方醒：我的写作不也是靠反复修改？针对学生的特点，培养他们的发现能力和纠错能力，可能比“告诉”的用处大。有一次我在学生作文后面批了一句“文章中有三个错别字，找出来纠正”，那位学生在我的批语后面写的是“我找到了四个”。我想，他对自己的作文当然会比我认真，而且这是他自己找出来的；那么，在这些方面，以后他还需要我提醒吗?

作为教师，你要善于向学生问出有意思的问题。学生有了学习探究的兴趣，他就有可能释放出潜能，以一种超乎寻常的热情去主动学习。前些天我上《烛之武退秦师》，问学生：“佚之狐是怎么知道‘使烛之武见秦伯，师必退’的？”——教材上并没有这样的问题，对此学生可以有许多猜测，当然，七八名学生回答，其中必有一两位的思维能对大家有启发。——如果我等学生“发现”这个问题，可能很难；我自己提一个问题，教学效果也不错。他以后在阅读古文时，有可能关注微言大义。如果他读《左传》《史记》，就有可能在“留白”中读出或是想象出更丰富的内容。学历史，读文学，有时非得有这样的“填空能力”不可。

过去的教育强调“不懂就问”，然而正确的方法应当是“多思”。思考的问题超出了自己的积累领域，可以利用相互切磋的方法，最后才是向教师请教。即使是学生向教师提问，教师也不一定非要“告诉”。我认为最好的方法是“启思”，让学生自己“悟”出来；退而求其次，被教师“点”出来。这些，都比教师的“告诉”有用。早些年我对一些学习能力比较差的学生辅导，不得不用“告诉”的方法，但我也要求他们把思路复述一遍。

你会注意到，你的班上有些同学并不张扬，也不显眼，他们很少找教师交流，但他们的学习一直有种优势，这至少说明他们可能有一套适合自己的学习方法，或者有比较丰富的阅读积累，或者有良好的思考习惯。也就是说，这类学生善于学习，即使他们被放在当今落后的教育体制中，也不会减弱探寻知识获取能力的欲望。

我反对学生没完没了地粘在老师身边，特别是毕业多年了，事无巨细还来找老师的学生，我总怀疑他们的能力不强。当然，永远地尊敬教师是一种修养，但学生不能独立，不能摆脱教师，是教育教学的失败。

教育就是要培养好习惯，“教是为了达到不需要教”；学生不需要老师教了，是教学的成功，也是教师的职业追求。你看到的那种从早忙到晚的教师，把自己累病了的教师，带病工作的教师，学生离不了的教师，可能未必是聪明的教师。

我们将留给学生的记忆

晚间，有位出版社编辑来舍下商讨教材的事，他是本校二十多年前的毕业生，如今是出版社业务骨干。夜深了，楼道里有人讲话，编辑若有所思。我说，这是住对门的陈老师。编辑说："我永远记得她，她对学生真好。上初二时，有一次春游，我把干粮弄丢了，也没有钱和粮票再去买，陈老师把她的烧饼全给我吃了。25 年了，我记着这件事……"第二天上班时我告诉陈老师，她说"这个学生我记得的，不过这件事不记得了"。

但是学生会永远记得教师做过的事、说的话。

人在接受基础教育阶段，会有多少位直接授课的教师呢？华东师范大学陈桂生教授说，他曾带研究生做过一个调查，一个人的小学和中学阶段，直接授课的教师大约在 60 位到 90 位。我大概估算了一下，陈桂生教授的结论应当是正确的。了解这个数目有什么意思？有意思。陈老师问："学生在这十多年的求学中，教过他的这 60 到 90 位教师，他能真正记住的有几个？"

问得好。我想了一下，教过我的教师，我记得几十位，他们的表情神态乃至站姿全都浮现在我的眼前，一个一个地排列在那里，像人物画廊。回忆每位教过我的老师，脑海里出现的都是最难忘的镜头。不知不觉间，几十年了，他们都无比真实地活在我的思想中，无论那是不是他们的全部，而我也几乎没有可能再和他们沟通。转而我想到：一位教师一生要给学生上多少节课？这些课的内容，有多少是学生能记住的？学生会记住的是教师的什么呢？这些老师的站姿、手势、笑容、神情、口头禅和轶事，往往成为学生的话题，继而又被学生带往遥远的年代。

不可否认，有些教师给孩子们留下的是痛苦的记忆。

我小学三四年级的班主任很凶，几乎难得有一节课不打学生，她用教鞭打，有时也抽耳光。有一次，她打我的同座，要把他拉出座位，这个同学反抗；老师使劲把他推倒，他的脑袋撞在课桌角上，血流得到处都是，我身上也沾了不少血。四十多年过去了，她一定老了，她大概早就做祖母了，也许老弱得让我们怜悯；她可能会有一个孙子或是外孙女是你我的学生，她很疼他们，她不愿意他们受老师的委屈……四十多年了，我记得班主任的名字，我没法忘记，我的同学小吴头破血流，殷红的血流在我身上。那一年，我们 11 岁。

有些教师，不知不觉地把他们的人生修养展现在讲台上。他们也许是因为根本不想当教师，他（或她）受了点气，也许是领导粗暴，也许是家庭不睦，也许是同事间勾心斗角，也许是因为本身粗野，也许是水平太差，总之，他们并不敬重自己的职业，所以才会向学生动手。有位毕业生回忆中学班主任，说，他总是暗示我们送礼，谁不送礼他就使坏，敲诈勒索；毕业后同学们互相交流，原来几乎每个同学家都曾向他“进贡”，而有些学生家境并不宽裕。——你看，十几年了，学生仍然耿耿于怀。有些教师也许根本没想到自己所做的一切会长久地留在学生的记忆中。当今教育界风气不太好，如果一位教师不能自律，那就一定会让这种风气污染孩子们的心灵。

如何建立“新型的师生关系”，我不敢多说，因为时下的“新型”经常令我惊诧莫名；我想，只要能建立“正常的师生关系”就很好。那么，何谓“正常”？

中国古代曰师曰弟子，这“弟子”一词特别让我感动。因为有这个词，古代中国的教育有闪光之处。就是说，中国古代教师和学生的关系是这样的——教师把学生当做自己的弟弟和儿子！当我悟出这“弟子”的真谛时，我为汉语的魅力而激动。然而我又想到，教育是属于人类的，每个民族的语言中都可能有体现师生关系的美好词汇，只是我们没有注意罢了。称学生“弟子”，也就是说，教师是学生的父兄——虽然我们不必以父兄自居，但是在今天的社会风气下，像爱亲人一样爱自己的学生，是不会错的。

让学生喜欢我的课

让学生喜欢我的课，让学生喜欢我任教的学科，让学生有终身学习的意识。——如果一名教师能做到这些，他一定是合格的教师。

兴趣是最好的老师。特别在基础教育阶段，激发少年儿童的学习兴趣，是调动他们热爱学习的最重要手段。如同有“向心力”一样，少年儿童有强烈的“向师性”，优秀的教师，会在这一阶段充分调动学生的好奇心和探索事理的欲望，让学生喜欢他的课堂。如果学生连你的课也不喜欢，他会把那40分钟或45分钟当成受罪。

记得有个学生说过，他曾在某老师的一节课上看了七八遍手表。他不是因为内急，也不是课间有事要忙，他就是觉得课上得太慢，教科书上一个浅显的道理，老师仍在翻来覆去地说——他尊敬教师，认为老师师德高尚，可是他觉得老师的课乏味。

我在一些地方的讲话被传错了：我说的是“让学生喜欢我的课”，不是“让学生喜欢我这个人”。这是两回事。就像我们喜欢一个人而未必喜欢他的职业一样（同样我们会敬重某种职业而未必会敬重从事那个职业的具体的人）。

学生喜欢你的课，他会盼望你的课，把听你讲课当做一件快乐的事。他会看着课表想：“真好，今天有李老师的数学课”“第三节课又能听陈老师的语文课了”。他甚至在盼着、等待着某一天的某一节课，你的教学将为他打开一扇扇的窗，让他感受到八面来风。——在那样的状态下，他把听课当作是一种幸福，他能有所“获得”，他的学习就是有价值、有意义的。

然而，学生只喜欢你一个人的课，可能未必是好事；只有当你的教学使学生热爱这门学科时，他的学习才有价值。我见过这样的情况：一门课换了教师，学生的学习情绪下降了。通常人们只责备后一位教师的教学艺术，认为他方法不当，或者经验不足——这种情况固然存在，但仅仅换了一位教师，学生的学习情绪就发生了变化，那么前一位教师的教学是不是也需要反思呢？你在教学中没有培养学生对学科学习的热爱，你的努力只是让学生适应了你的教学，而无形中给学生灌输了排异性，你没有向学生有效地介绍学科的内涵，你的学生对学科的学习兴趣可能是盲目的、不稳定的……

在小学、初中和高中三个阶段，不可能由一名教师担任整个阶段的学科教学。一名优秀的教师，他在教学中一定会注意培养学生对学科的热爱——即使换了学生不熟悉的教师，即使所换的教师教学中存在这样那样的缺憾，学生仍然以高度的热情去学习，那才是真正的有效教学。

我教过的学生也不少了，我衡量自己的工作，可能刚刚及格。因为我看到相当多的学生在走上社会后，他们的语文水平不是很高，而且部分学生的语文习惯不是很好。这就让我感到非常遗憾。固然有许多客观原因，固然我只教过他们三年甚或更短的时间，固然我对他们后来的发展情况不是很了解，但我总是认为，如果他们对一门学科能持续地学习，特别是对母语学习有持续的兴趣，我的工作可能会更有价值。几年前，我在一次大会上听到20年前毕业的学生在演讲，她的演讲表达真诚，逻辑性很强，语言平易而富有感染力，引起听众强烈的共鸣。我想到：这是她在走上社会后继续学习的结果，所以她的语文水平远远超过了高中时代。

我们可以看到，许多优秀的学生在结束中学时代，进入高校或走上社会后，取得了令人瞩目的成就，并非因为他们的天分，而是教师在教学中种下了一粒思维的种子，培养了他们良好的受益终生的学习习惯。

教师应当比一般人“会学”

我们是学者——是“古之学者必有师”中的“学者”。同时，又因为我们是“师者”，故而我们应当比一般人更善于学习。

你们赶上了好时候，这么年轻，就有了高学历。“文革”结束，我考进大学时，已经 28 岁，毕业时已经 32 岁了，也许又因为长相老成，我既没被人喊过，也没被人当做过“青年教师”。现在，我临近退休，感慨的是，好多书没有读过，而且好多该了解的知识尚未入门。如果说我还有哪方面值得肯定的话，可能在于我始终认识到教师应当是学习者，可以和学生一同成长。

在学校工作的最大好处，是每时每刻都在接触“学习”。你是教师，你的任务是“教”，因而，你就比一般人更懂得如何“让一个人学”。

和其他行业不同，对一位学习者来说，在中小学工作的最大好处是可以向各个科目的教师学习，几乎任何问题都可以在学校找到具有专业知识的教师求教。所以，我始终认为，从终身学习的意义而言，教师是最好的职业。

这方面的体会你们一定很多，我就不多说了。一个有学习意识的教师，到处都能看到值得学习的东西。

有位青年教师谈参观名校的见闻，说“全是假的”，这个结论可能不够客观。作假的事固然不少，但不能武断地认为满目皆假。技不如人，便诬别人作假，太没有胸襟。二十多年前，我在江苏一所名校参观，七百多名住校生做早操，整队迅速，动作整齐划一，领操台上有一名领操的学生，旁边竟然只站了一位退休的老太太（后来才知道她是舍监）。

参观者中有个相识的校长听了我的赞叹，不以为然，说："作假的啊，谁不会！"我说："你何不在学校也作个假呢？我看你练一学期也达不到人家的水平。"他那所学校每个年级做操需要几十名教师前后左右看管，学生照样懒洋洋的。

其实，到处都有值得我们学习的东西，就看你持一种什么态度，就看你有没有发现的智慧。

我去普洱二中学习，看到该校新建的标准游泳池，非常羡慕，许多经济发达地区的学校，尚未想到这一点。校长说："我就想让每个学生都学会游泳。在云南这个地方，会游泳很重要。每次从报上看到有人落水人们围观不救的新闻，我就想到，如果会游泳的人多，就不会有这样的现象。"如果中国的教育工作者都能这样务实地去思考，而不是花钱去装门面，我们的社会将少去多少难堪！

我访问成都武侯实验学校，该校生源主要是失地农民与外来务工者子女。一位副校长向我介绍说："要论升学率，我们无法和重点学校相比。但是经过我们三年的教育，孩子们懂礼貌，知道不能妨碍别人，学会说'你好、谢谢、对不起'，知道给师长让路……"——他所说的这一切，是真正的教育。而在很多"精英学校"甚至大学，这门课还没有开始。

在南京的一所学校食堂和该校领导用工作餐，菜肴丰富，价格也不高。我问："学生能吃到这种规格的饭菜吗？"副校长说："差不太多。如果学生吃得不好，我们不敢这样吃。"好几位教师同桌吃饭，都认同她的话。她的话说出了基本的管理之道。

在广西壮族自治区，有位教育局长对我说："这一年，我做成了一件事：给山区学校两万多孩子筹到了每天一顿午餐钱。"每个孩子多少钱呢？两元。山区物价低，这点钱能吃饱饭，还能有几片肉。钱从哪里筹来的？"大家支持，有时也磕磕头。"局长说。也因为学校供午饭，更多的家长鼓励孩子读书，不让孩子辍学。我每想起这件事就要落泪。如果每位局长、校长和教师都想着做成这样的一件事，我们能办出世界上最好的教育。那位局长不让我宣传这件事，他是担心下一年搞不到足够的钱。

上海有所名校，校长的办公室只有五六平方米，一桌一橱一椅一小沙发。来了人便真正地促膝谈心，人多了就去会议室。问他要不要改建校长室，他回答："够用了。"老师来找他商量事情，他常说的是："需要我做些什么？""我能做些什么？"或者是"这点经费够用吗？"

……

我记住了很多这样的事，如果有机会我一一说给你听。

不但如此，我也常从学生身上学到有价值的东西，这方面的经验更多，我多次在讲座中说过。儿童的思维也经常地给我启发。有位学生从日本回来，说过一个有趣的故事：

教师问一个四岁的小姑娘："你长大了做什么？"女孩说："做个媳妇。"

这充满童稚的回答纯真可笑，而静心地想，这真是个很庄重的话题。是啊，有什么可笑的呢。日本的家庭妇女很多，孩子们从小和母亲在一起，最了解"媳妇"的重要。孩子从小就想"做个媳妇"，我就想到，她有个多么温和的妈妈！一个家，没有能干的媳妇，老的老，小的小，谁来照顾？丈夫也将无所归依。这孩子在看到媳妇重要的同时，可能也看到了媳妇的美。孩子不懂，媳妇不是职业，可是一个小女孩竟想到长大要"做个媳妇"，这就比一些高中生"我不知道以后学什么"要好多了。做个好媳妇，也可以是理想。

我从这四岁女孩的回答中受到的教育启示，一点不比从大学教授那里学到的少。

不能让学生认为我们不认真

大学期间几位老先生的认真给我的印象很深，如今偶尔说给青年教师听，看到他们的无动于衷，便想到，不再是“一个时代过去了”，而应当是“又一个时代过去了”。我们做教师的，应当多看看前辈是怎样做的。

老一代教师上课的认真及魅力，青年一代也许想不到。听唐圭璋先生讲宋词，场面很大，青年教师和硕士生簇拥而入，他坐着讲课，有硕士生代他板书。其实唐先生为人极其平易，实在是年事已高，气力不足，没法亲自书写了。他讲课时，言必有据，面前放着讲稿，但他基本没看，心平气和，就像在书房里与朋友晤谈。系里的老教师说，当年唐先生讲宋词，上课时偶尔还会取出一支箫，吹出很伤感的曲子，一座怃然。诸祖耿教授是章太炎的弟子，他给我们讲《战国策》时，年已八十。他高度近视，伏在讲台上，用一枚放大镜看着讲稿，边看边讲，连讲一个多小时，根本不在意学生反应；虽然有年轻的学生认为他的课“不好玩”，但也不敢胡来。学校实在是浪费他的生命，不该让他来教本科生的，然而当年动乱甫定，硕士生人数比教授还要少。像诸先生那样的人物，应当说是晚年被耽误了。段熙仲教授，教我们时也已经八十出头了，系里有教师私下里说他是“反革命”、是“地主”，1949 年以后吃尽了苦头，平反后，他上课仍是一丝不苟。有一次路遇，我顺便向他请教有关《晋书》中的一些问题，他双手拄杖而立，告诉我：什么问题查哪一本书，某件事在谁的传中，另一本某篇可以参照了看。时间不短了，我担心他老迈，想打住，便推说已经知道了，我回去查书。段先生说：“不行，你不要急，我没说完呢。还有一种说法，你可以到善本部去找……”

在拿人不当人的年代，他们过得多艰难啊！教授们受尽了政治运动的折磨（有的则决然结束自己的生命），然而，只要他们又能走上讲台，宠辱偕忘，视教学为生命，每个人都在认认真真地教书。按今天的标准，那批老先生全都可以评上劳模。我不敢说“一代不如一代”，但前辈教师的那些身影，分明告诉我们：一个时代过去了。

后来就很难见到那样的教师了。

多年来，我习惯提着书包进教室，也许就是受老先生们的影响。我的书包里放着全部可能用到的书和讲稿，还有《新华字典》，因为有不少字我不认识。学生问我某个字的声调时，我会说：“我没把握，我查一下吧。”至今我还没有听到哪个学生认为我不认真。教师是学习者。在学习上，教师首先要郑重其事，学生才有可能养成敬重学习的好习惯。

常看到青年教师只拿着一本教材往教室去上课，我就很奇怪，即使教学内容已经烂熟于心，这样的“派”恐怕对培养学生习惯没有好处吧。底子厚实固然好，但是无论如何不能炫耀卖弄；万一有疏漏，学生有可能丧失对教师的信任；更糟糕的，是学生也有可能在治学方面少了一种庄重。

这些青年教师可能是向另一些大学教师学的。那些才子上课不带书，挟一根粉笔端一杯茶就进教室，也曾被传为美谈。他教学多年，可能真的把讲稿吃在肚里了。这种功夫不好学，一是“底子厚”，教学内容烂熟于心；二是表达好，口若悬河，有问必答，不打顿；三是名气大，就是这么个做派，为的是培养学生的敬畏感。我上大学时，有位先生年纪不高，总是只端杯茶进教室，传扬开去，一些同学对他到了迷信的地步。可是有次上课，我记了笔记，查看对照资料，发现他说错了三四处。当晚这位先生和我聊天，我就直说了：应当是哪本书里的，而不是哪本书里的；不是某某年，应为某某年。先生修养很好，说“免不了的，你以后就知道了”。我后来在教学中也体会到，不管做多少准备，也的确“免不了”犯错误，可是在当时，我的确把他出错的原因归结于上课不带书和讲稿。即使现在，我还在想这个问题：学生对我们上课出的错，他不一定认为是“免不了的”，而有可能认为是“不认真”造成的。——我宁可让学生认为我水平差，也不愿意他们认为我不认真。基础教育主要是为了培养学生的学习习惯，教师水平不够，可以慢慢提高；但是教学态度不端正，会影响学生的习惯养成。教师必须时时刻刻约束自己的教育行为，这的确是最难的一件事。在一些名校，老教师把带讲稿上课当做是对教学的尊重，对学生的尊重，是很有道理的。

不能疏忽的教育细节

校园里有些事，在教育圈之外的人看来，似乎微不足道，也很少有人去关注，但对教育者来说，如果不关注细节的作用，也很难为人师表。在和老校友的接触中，发现他们能记住当年学习生活中许多有意思的细节，教师的言行潜移默化影响过他们，如影随形半个世纪，还会通过他们传到更远的年代。

这些校友重视所受的教育，并把在校学到的东西融入生命历程。而成功的教师在工作中未必刻意关注教育细节，只是他的学养决定了他在每个细节上都能体现出对人的尊重。

在这一方面有没有值得反思之处呢？有许多负面的东西总不被重视。

说最容易忽略的细节。因为工作繁重，事务庞杂，许多教师的案头总是堆满了各种东西。如果摆放有序，关系不大；如果既杂且乱，学生看到了，他对自己的杂乱无章也会变得无所谓。在行为习惯的养成上，教师常常是榜样。看到一些青年教师注意办公桌的整洁，簿本摆放整齐，私人物品和办公用品位置安排恰当，学生对他们的教学自然会多一分信任感。

现在有些校长不常在学校露面，偶尔回校，很想多给师生一些印象。于是就兴起“巡视”，即在上课时间到教学楼走廊转一圈，让每个班的师生都能看到自己。校长转一圈，“领导班子”也得转一圈。很多教室设计采光多用大玻璃窗，学生在听课，看到久违的校长走过来了，不免有点分神；副校长走过去了，又分了点神；书记转过来了，他看了一眼，犹豫地想，下面会是谁呢？教导主任朝教室里望，学生想：下一个应当是学生处主任了……可是学生处主任一直没过来，于是这个学生便像那个半夜等待楼上房客扔另一只皮鞋的人，心思再也集中不起来了。问学生为何心神不宁，学生说，要是能装上窗帘就好了，要不把这堵墙封起来，每天这么多人走来走去，有什么必要？影响听课。学校管理者要记住：这是教室，不是监舍。

学生上课迟到了，教师至多问一下原因，提醒下次要注意，也就行了。可是我看到有些教师不让迟到的学生进教室，一顿批评竟然用了十多分钟。有那么多话要说吗？其实是杀鸡吓猴。现在学业负担太重，高三学生每天睡眠不足七小时（有的学校更少），加上其他原因，早自习迟到在所难免。教师对此可以有批评，但无论如何不要羞辱迟到的学生。文明习惯不能靠惩罚的方式来培养。

学生做题的思路不顺畅，向教师请教。教师不耐烦，当众对他说："看你这个鬼样，像脑残似的。"学生惊讶地看着教师，教师却还在一句句地往下说，可是他说什么，学生一句也听不进去了。教师的语言侮辱了残疾人，也侮辱了学生，最可悲的，是他不知道自己说错了什么。这就不是一般的细节疏忽。这种错误涉及教师自身教养，无论对谁而言，都是灾难性的。这样的话，被学生记在心上，这个"师"还能有什么"范"？

在一家医院就诊，看到教授诊断结束后，让几个硕士生看病人的症状。几个学生没有戴帽，任披散的头发落在病人脸上，没有一个人发现病人痛苦的表情，然后她们要过病人的病历和各项检查报告，用数码相机一页页地拍照，完全不顾年老体弱的病人在站立等待。照完了，她们冷漠地把病历递给老人，没有一人说谢谢。在全部过程中，指导教师没有提醒她们，看来师生都习以为常了。我很担心：以这样的修养，接受这样的教学指导，她们能成为什么样的医生呢？——做学生时学习了错误的东西，在以后的职业生涯中是很难纠正的。

不良习惯是哪里来的

学生的一些不良习惯的形成，原因固然复杂，但教师也难辞其咎。

就说常见的作业拖拉，很多情况下，是教师布置的作业超量造成的。作业过多，难以完成，拖拉欠交成风，不仅摧毁了学习自信，也破坏了良好的习惯。有家长告诉我，时下小学生的作业，能力正常的孩子，往往也得做到晚上十点钟之后。这是完全没有必要的，学习的乐趣也被教师破坏了。个别数学教师甚至把作业作为惩罚学生的手段：做错的数学题，罚做十遍，而且要“抄题”。局外人可能不懂什么叫“抄题”，小学生却闻风丧胆，因为罚抄的往往是“应用题”，要抄的文字量大。——既然作业成了“不可能完成的任务”，于是他干脆放弃，不做了，或是没完没了地和教师扯皮；教师喊头疼，却不肯减少作业量。拖拉的坏习惯，有些是教师过分“努力”的结果。

课间休息只有十分钟，教师“为了把课讲完”，“为了对学生负责”，拖堂五分钟。学生下节课在实验室上，必须从这边的教学楼下去，走一百多米，上实验楼的四楼，即使不拥挤，也得走上六七分钟（还不包括上洗手间的时间）。只要你拖堂两分钟，他下一节课就有了迟到的理由。即使快走也会迟到，于是铃声对他来说不重要了，所以你会看到有些学生索性在校园里慢慢地走。时间长了，他对学校的任何信号也会无动于衷。

有学生上课不提问，下了课拉住老师问，这样的辅导很合算，也能“个性化”。有位教师经常被学生问，学生根本不管她下面还有另一个班的课。她实在来不及了。她需要从三楼上到四楼，再走五六十米，当她跑到下一个班，已经没有时间做课前准备了。然而学生并不在意她是什么原因如此匆匆，他们可能认为，这种事无关紧要。为什么不建议有疑难的学生放学后到办公室去问呢？只照顾学生的情绪，忽视了学校的行为规范，养成了学生自我中心的不良习惯，教师却没认识到，很不好。

有位老教师说过一件伤心事。看到学生早上拎着雨披匆忙进教室，她提醒："水滴到地板上了！"学生想都没想，顺手把雨披递给她；她也想都没想，替她把雨衣放在窗台上。第二天，这个学生一边和同学说笑一边又顺手把雨披递给她。教师的自尊心受到严重伤害。回到办公室，她难过地问："学生怎么会这样？"我说，不能怪学生，也许她把你当做娇宠她的妈妈了（当然这样也不对）；是你在犯错误。如果她只有六七岁，你应当帮她，教她；学生上高中了，十六七岁的学生，把老师当仆人，不对，可这是你"惯"的。你当时就不应当接过那雨披，即使接过来，也要教育她，不能让她眼中只有自己。

学校批评学生浪费，食堂每天被倒掉的饭菜有几百斤。可能不只是学生浪费，我在食堂门口亲眼见到有教师把整份饭倒进泔水桶。他倒饭时，被学生看到了，但他不知道。我不敢想，以后他的学生会怎样看他的"教育"？有一段时期，学校食堂师生共用，师生经常同时走到泔水桶倒饭倒菜，甚至学校的干部也倒。然后，学校在大会上批评学生浪费粮食，学生也在周记中谴责浪费行为，然后大家发一份关于节约粮食的倡议书……其实大家都没当回事。

这些，是学校的"常态"。只是一想到学生今后走上社会，青少年时代形成的习惯很难改变，就让人不安了。

我特别想告诉年轻的同行：在你们开始教学生涯时，在你们以一个教育者的胸怀去爱学生时，也要注意，不要在无意间放纵了他们。

做一个让孩子们信任的人

在办公室改作业，拖到晚上九点半，很累了才回家。出校门不远，有个公交车站，一个学生朝我走过来，他身着的校服不是我这所学校的。孩子个儿高，可能上初三了。

“爷爷，我可以问你一个问题吗？”他很有礼貌。我每次被人喊“爷爷”都很不自在，但我喜欢有教养的孩子，我对他说：“没关系，可以的。”

孩子几乎一字一顿地问：“爷爷，你说，我长得帅吗？”

我愣了一下，乐了，但随即高兴地称赞：“嗨！小伙子，挺精神的！”这时我眼角余光发现，街灯下不远处另有三四个和他差不多大的孩子在看着我们。

“谢谢爷爷！”孩子响亮地道谢，随即开心地转过身，大声地向同伴说：“怎么样？怎么样！”

在站台等车的人都乐了，笑着看这群欢乐的孩子。这是个愉快的夜晚。到家后，我打电话告诉朋友，大家也快乐。

我把这件事说给学生听，问：“当时他们在干吗？”

“打赌。”几乎所有的学生都认为那孩子是在和同学打赌。

“他们在赌什么？”我问。

“长得帅不帅。”有位学生抢先回答。

“敢不敢和陌生人说话！”更多的学生说。

敢不敢和陌生人说话？对了。如果真想知道自己长得帅不帅，他只要照一下镜子也许就能知道，未必要问陌生人的，他还不至于这样没有自信吧。

“也可能兼而有之。这是个心境愉快的人。”有学生这么认为。

这个回答也很好。孩子们的生活中就该有这样的趣味。我有时觉得现在的学生太没情调了，特别是看到女生穿着男性化，男生说话像“小沈阳”，便感到不舒服。当然比这些更让人感到无趣的，是青少年被紧张的学习压得不会笑了；在学校，看着身边一张张木木的神情板滞的面孔，你会觉得所有的人全成了陌生人。

过了几天，把路遇孩子的事说给办公室的老师听，在大家的笑声中，我又想到一个问题：那孩子在打赌时也许是有所选择的，他为什么选择了我？被孩子们信任，难道不是一种荣誉？作为教师，我应当努力做一个让孩子们信任的人，而不能仅仅用职业权威要求他们信任我。

2005 年，我替省高中生作文大赛出过一个题目——“陌生人，你好！”。喜欢那个题目的人不少。但我自己却没写过，虽然我有许多和陌生人打交道的经历。二十多年前，我的学生曾在新年前夜，集体在大街上步行歌唱，他们向每一个过路人问好：“公民，新年好！”“嗨，祝你快乐！”一些路人惊疑地快步走开，有的好一会儿才缓过神来，激动地说：“同学们好！”

在许多国度，陌生人之间也会问好，寒暄；在我们这样一个大国，人们为什么经常那样地相互提防呢？有个电视连续剧剧名好像就叫“不要和陌生人说话”，内容我不了解，但这个剧名所传达的信息会不会产生负面效应，少年儿童将如何理解，是不是该斟酌一下呢？

我多么渴望孩子们能生活在一个和平安定、相互信任的环境里啊，如果有一天，孩子们走出家门时不再需要父母千叮咛万嘱咐，不会让父母牵肠挂肚，那才是我们理想的社会。我多么想听到父母能这样对孩子说：“孩子，你勇敢地上路吧，在这个世界上，你到处都能遇上好人……”

为了有这样的可能，我们每个教师都应当努力做一个让孩子们信任的人。

教师仪态也是“范”

二十多年前，一篇有关教育新观念的报道引起教师们的关注。有位老教师说故事，他患病两个月，出院后发现学生纷纷留恋代课教师，几乎个个不舍。老教师是个有心人，他想，那位聘来代课的教师水平并不是很高，为什么学生会那样喜欢她？原来那位代课教师除了讲课有感染力，穿着也时尚，着淡妆，甚至挂项链（在当时是要有些勇气的），这个“派”让看惯了老先生蓝布人民装的学生大开眼界，听她的课也就格外来神。老教师有胸襟，说，相形见绌，本来年纪就大了，心理上和学生隔着一层；我的穿着土气，说话老气横秋，这样不利于调动学生的学习情绪。——记得读了那篇报道后，同事互相开玩笑，说看谁能有勇气改头换面，因为我们守旧成习，穿件新衣都得犹豫再三，害怕分散了学生的注意力。有年冬天，我买了件夹克，鼓起勇气穿上。为避免第二天上课同学们大惊小怪，前一天晚自习快结束时，先去班上去亮个相，学生疯狂鼓掌；第二天上课，又一次鼓掌；甚至有外班学生为想看看我穿了什么样的夹克而专门跑到办公室……我才知道，我们这些“旧式人物”给自己，也给学生惹了多少麻烦。

好在我们没有随地吐痰，没有说粗话，没有乱扔垃圾，没有在公共场合胡乱吼叫，只是我们的中式棉衣和平顶头给学生留下话柄。好多年过去，现在有专家来谈教师仪态，我们反而觉得没法子谈了。比如，无论如何，教师比以前收入高多了，西装革履也不是稀罕物，连街头炸油条的小贩，搞装修的民工，也穿西装；穿着朴素再也不成其为教师美德。

可是有些东西是无法教好的。

凡事过犹不及。对教师仪态，我不是专家，不敢评头论足。我甚至认为“老派人”之所以“老派”，也在于不轻易议论他人的仪态。太在意仪态了，也有可能失态。比如，在学校里，有无必要成天穿西装？有无必要化妆？教学是一种劳动，不是作秀，不是礼仪展示，不是摆设。我曾在某国国防部大门口看到供游客照相的仪仗队，昂首挺胸，风威秀整，然而我想到，用蜡像岂非一样？我们是教师，不是模特，如果太注意仪表衣着，吸引学生的注意力，学生能从我们身上学到什么呢？我读初中时的外语教师，后来同学提到她就说“每天换一套衣服，很有钱”，至于她的教学，大家一点印象也没留下。

当然，更可怕的是浅薄粗俗。经常看到听到：教师的领带打得很考究却满口粗话；校长打扮得油头粉面，喝酒时当着女性说黄段子。更能经常看到的是，教师在会场上大声喧哗，接听手机，畅谈家事……这样的修养，对学生会有什么样的影响呢？

在一次会议上，有一群福建来的女教师，她们远远地就微笑致意，趁我们讲话间隙，轻声问，可不可以与她们合个影。合了影之后，鞠躬退身而去。我记不得她们的形象，但她们的礼仪可为风范。我相信，她们教出来的学生也会是这个样的。还有一次，给香港同行讲话，有两位女教师在会前走上来，问主持人：“可不可以录像、拍照？”主持人说直接问报告人。我说请随意。一位录了三分钟，另一位拍照一次，不闪光，并没有妨碍我。与之对比的是，报告前或刚开始时，经常有老师面无表情地走上来，二话不说，把录音笔往台上一放，然后坐在台下看报纸，交谈。

我还是觉得，教师在这些方面宁可“保守”一些。

学校的一切都在影响学生思维

学校的一切都在影响学生思维。为什么要提这个？现在办学条件差异很大。学校的环境设备不好，学生会自然而然地认为，这就是他的生活，这里就是和他祖辈父辈一样的命运。如果有教师的正面引导，他有可能把这些视作培育他意志的土壤。换一种可能，如果他更多地关注另一种富贵学校的存在，他则有可能从中感受到社会不公平，从而变得消极甚至堕落。所以政府和社会必须缩小学校之间物质条件的差距，给学生一个公平的教育环境。

学校传达给学生的所有信息，都可能成为一种明示或是暗示。有很多影响学生思维的信息，至今并没有得到社会的重视。

一些中学的所谓“校训”没有考虑时代精神，加上缺乏必要的诠注，很容易造成学生的误解。这里不敢一一举例了，但很多学校的校训根本经不起学生质疑，有可能对学生形成误导。比如，“立大志，做大事”“追求卓越”这类提法，对青年未必有什么好处。一些名校的毕业生为什么不愿回母校？他们为什么疏远一些教师？这些老学生说：“校长和一些老师都很势利，看到清华北大回来的，或是发了大财回来的，都热情得不得了，甚至站在办公楼前迎接……”这类现象见多了，学生就会认为这就是所谓“大事”。接受这样的校训，还不如忘却。不是校训错误，是学校没有正确的诠释与行为示范，如果师生都能正确理解“大事”乃人生大事，而非“人上人”之“大事”，则不成问题。

每天进校门，看到学生挂着红色绶带在门口喊“敬礼”，在那红绶带上，印着“× 中欢迎你”，我仍然不习惯。遗憾的是此风至今不绝，很多小学也搞这一套。谁发明的？不知道。学生是学校的主人，学校是他学习的场所，他每天到校学习，需要谁的“欢迎”？就这么一个小小的细节，反映出教育思维的混乱，管理者没有意识到教育行为对学生思维的影响。我们不能让学生习惯体制的形式主义，那样的影响对他今后的工作和生活是有害的。

为什么一些学生很愿意接受形式主义？因为可以使他从比较单调的生活中找出一些乐子，调剂一下。这也是形式主义的教育行为在学校还能有点市场的原因之一。有一年的教师节，七点一刻，我到班带学生早读。一些高一新生拿出各自给教师的小礼物交换观看，叫喊嬉闹，我提醒了三遍“请打开书”——大部分学生不理会，继续吵闹。这是我在教师节这天见到的最典型的一幕：他们并不知道敬重教育、敬爱教师，但他们一定要和全社会一样“形式”一下；他们不知道，这不仅是缺乏教养的表现，更是对教师情感的伤害。

上次见面，我们谈到学校的文风浮华，学校的各种工作报告，升旗仪式讲话，印发的文件汇编，以及宣传标语，等等，都不太符合基本的语文规范，说得直一些，都不是“好的语文”。为什么要追求形式的浮靡华丽？我希望自己的学生有独立的思想，有质朴大气的文风，我不喜欢他们精于雕虫小技，追求语言时尚。你注意到了吗，最近一段时间，在学校一些很严肃的会上，我们接二连三地听到“华丽的转身”，我当时有些不解，我认为，在大家很庄重地讨论问题的场合，不宜用那种艳俗的表达。后来知道，是时髦语言。——也就是说，他们不愿意接受“简明”“质朴”和“大气”，而宁愿追求浮华艳俗和繁复缠绵，在文风上，他们错误地把病态当做“婉约”了。这种话语方式起初可能是个人的自恋癖好，但由于体制因素，它会逐渐影响校园文化，影响学生的思维和表达。现在听学生演讲，或是汇报班级工作，听到学生那种浮华的表达和夸张的口气，我就想到：这，也是在学校学到的。

必须遵守的教育伦理

以下对话都出现在校园里。

学生对教师说："我星期三下午有时间，你在办公室等我吧。"教师答应说："好的，我一定等你。"

上海有个高中生，上课时，手机响了，他大模大样地接听，忽而不耐烦地埋怨教师："你讲课能不能小声些，我都快要听不见了！"

有个学生对教师说："你怎么四点多钟就回家了？"教师说："我有点事。"学生说："那凭什么要我们在学校待到五点多？"教师说："我们学校不坐班的，没有事可以回家。"学生说："那好吧，我今天刚好有事要找你，你等等我吧。"

教师对学生说："你们先去做广播操，有问题待会儿问。"学生说："待会儿有待会儿的事，你先回答我们吧。"教师说："不去操场看操，学校要扣我的钱的。"学生说："你们一个月拿那么多钱，扣点钱算什么？"

……

可能是因为我年纪渐长，听到学生和青年教师的这类对话很不习惯。学生不像学生，颐指气使，对教师如同使唤仆役；而教师也不像教师，像侍候主子，对学生低三下四的。学生没"学样"，教师也没"教态"。我孤陋寡闻，这难道就是那个所谓的"以学生为中心"？在学校里经常听到学生当着女教师的面说粗话，这在十多年前是不敢想象的事。在学校也不断地看到教师、校长表现庸俗，教育界的地位江河日下，由此也可见一斑。

不断的政治运动曾扭曲了教育伦理，而应试教育的盛行、物欲横流的世风进一步摧残了教育生态。学生不敬重教师，姑且可算作无知，教师自身的伦理观可能也有问题。

学生在校学习，浸染在所见所闻之中，他接受信息，不会有意识地区分什么是教育，什么不是教育。因此，作为教师，不是什么话都可以对学生随便说的。如果没有一点距离，学生对教育也就很难有真正意义上的敬重，他的言论和行为也就容易失去分寸。

以前学校讲究师道尊严，除教室之外，食堂、浴室和洗手间及其他场所，教师和学生分开，学生在校园里见到教师要让路。我在韩国的中学看到，学生见到教师七步之外，便停步行礼，我觉得是不是有些过于恭敬了。可是在我们这里，学生当着教师的面打闹说粗口，撞上教师，至多说一句“不好意思”。经过“文革”，又经过商品大潮的冲刷，社会文明伦常已基本崩溃。相当多的教师也并不把自己的职业看得神圣，他们可以和学生谈最不入流的话题，不怕庸俗。当年我们的工资并不算低，可是常有教师向学生打听其家庭收入，问得很细；到 20 世纪 90 年代后，则经常听说教师借助家长关系做生意，他们让学生带信给家长，打听行情。有学生知道班主任炒股票，到校上学的路上还不忘顺便买份“证券报”，细心地放在老师的办公桌上。

上海的老师说起，有所学校对面是家证券交易所，下午一点多，好多教师就聚在学校对门，在那里“说抛讲跌”。学生找老师有事，先到校门口张望一眼，看“在不在对面”；如果不在对面，再到办公室找。教师就这样无所顾忌地在学生面前“拼搏”，而到了班会和团组织活动时，又赶回教室对学生谈理想说奋斗。这样的言行，能给学生什么样的影响？

教师节大会上，校长激动地告诉教职工：这次我们搞到多少钱，是从什么途径搞来的，怎么发放，大家出去不要多讲……可是，这位校长竟然忘了：全校各班的学生代表都坐在二楼，全都听见了。

在这样的教育下，学生违背教育伦理，言语出格，又有什么奇怪的呢？我甚至认为，教师有什么样的教养，他的学生就会是什么样，学校也就是什么“档次”的。

第三辑　心里装着学生的心

让学生追求诗意的人生
等一会儿，让他把话说完
你愿意到我的办公室来玩吗
教学楼里有多少洗手间
“你一定能写好的！”
多让学生说说话
作业评价未必要用同一标准
良好的习惯来自学生时代
充溢着温情的小事
吃完最后一根面条
心里装着学生的心
高中时代的秘密
这样的学生可爱吗
的确有很难教的学生
尊重学生的参与权
怎样和学生谈话
让学生喘口气，好吗

让学生追求诗意的人生

晚上，有位学生来到办公室，说，实在很抱歉，这么晚了才来找老师，理科作业太多了，刚刚完成；本应当让老师休息的，但是很想谈谈，不知是否方便。我喜欢有礼貌的学生，况且这样的谈话对学生来说往往很重要。

这位学生是个有趣的人。有一回历史教研组在年级搞活动，悼念侵华日军南京大屠杀的遇难同胞，想请一名学生朗诵一首诗，要各班推选几位同学去试一试。他中午到历史老师那里，刚朗诵了两句，他的气质和音质就让老师惊喜不已，老师挥手说："行了，行了！太好了！太好了！就是你了！"这位同学愣了一下，随即有风度地对老师说："老师，诗是不能中断的，请让我把这首诗朗诵完。"说罢，旁若无人地诵读那首诗，沉浸在激情中。在场的其他学生告诉我这件事，我说，这才是懂诗的人，这就叫做有个性。是否会被老师选中，在他看来并不重要，重要的是他要读这首诗。

今天，他要对我说什么呢？家长会的当晚，父母找他谈话，教导他以后的"生涯规划"。无非是勤奋读书，选择一所名校，进入热门专业，以后顺利就业，能有一份比较高的收入，过上体面的生活。父母的爱心、耐心与苦心，溢于言表，然而那些话让他流下了眼泪。这位平素刚强的学生伤感地对父母说：世界上有比这些更有价值的东西，人活着要有理想，没有理想的人生不是完美的人生；生活中有许多东西能抚慰人的心灵，能让世界变得美好，譬如诗。"爸爸妈妈听了你的话后，说了什么吗？"我问。"没有。他们沉默，后来就回房间了。"他直起腰来，如释重负。

听他说完，我一时想不出什么话，只说了一句，人生如果没有梦想，生活如果没有诗意，也是很无味的。——如果世上人人都理解你接受你了，也许你已经很庸俗了。

关于教育的诗意，我在《吃你的馒头去吧》一文中说过自己的意见，我愿意在这里把话再说一回。针对“素质教育、理想教育是诗，应试教学是吃馒头，只有吃饱了馒头才能做诗”，我的意见是：教育是富有理想的事业，从事教育的人一定要有理想；鼓吹只吃馒头的人，是知道不吃馒头会饿死，这当然也没错，但他并没有看到只吃馒头不读诗，是另外一种死法。——素质教育难以推行，并不代表这种理念本身有问题；单一应试教学的后果，教育界和社会不可能没有看到，只不过得过且过，大家还得维护一团和谐，不愿多说而已。

语文教育除了教学生能正确使用母语，还应当有更重要的目标，那就是在创造性地使用母语和发展母语文化的过程中，懂得爱，懂得美。如果没有这样的追求，语文学科也就不成其为基础学科。苏霍姆林斯基说：“我一千次地确信：没有诗意的、感情的和审美的源泉，就不可能有学生全面的智力发展。”

高三学生在背诵古诗名句，因为高考试卷中有一项“名句填空”，有6分（江苏省这一题为8分）。为了“拿下这6分”，教师和学生都很来劲。教师的鼓励是这样的：哪一句有可能考到，说不准；为了不丢这一分，尽可能地多背，而且不能写错一个字。学生是这样思考的：万一考到这一句，默不出，就丢了一分；万一只差这一分，“一本”会变成“二本”，“二本”变专科，专科变落榜；或者就因为少了这一分，得多交几万元。——于是一时间众人背得天昏地暗，日月无光。然而因为趋利，高考结束，那些诗句也就忘得一干二净。

诗也许是梦，梦也许又是明天的诗，可是时下的教育似乎并不想让孩子们做梦，一切都要讲“实惠”。什么是“实惠”？当然是考取大学，考取名牌大学，高职、高薪、高物质水平的生活——总之，高人一等、高高在上就行，这比读诗实惠得多。

我们思考问题不应当脱离实际，我们应当考虑学生的实际利益，这是无须争论的。学科教育不是为了考试，而是为了学生长远的甚至终生的利益和精神追求，这一点也不应当有什么分歧。遗憾的是，极度功利的教学观往往在左右评价标准。当今之世，一名教师的教学有些诗意，未必会受到敬重，经常受到的却是批评或嘲笑。有一次在骨干教师培训班上课，课间和几位教师闲聊，随意说到普希金的诗，有位青年教师疑惑地问："这个不可能考的吧？"看到他年轻的面孔，一时竟不知说什么是好。

学生在青少年时代读什么书，思考什么样的问题，将决定一生的精神高度。教育要让学生追求诗意的人生，不仅需要诗，还应当有琴声，有树，有虹，有梦。

等一会儿，让他把话说完

教育上的事往往快不起来，所以不能急。

种庄稼要注意“时”，误了农时，将一无所获。教育和种庄稼有相似之处，必须让孩子们及时地接受教育，这是毫无疑问的。然而，人成长的“四季”绝非只有一年，也许必须这样认识：人的成长季节，可能要几十轮。那就没有必要一定要他在一天之内，或者三个月之内能完全接受到适当的教育，并且“有效”。

我刚当教师时，很容易着急。中国民间的教育语言中，常有“恨铁不成钢”之说，这个“恨”字形象地描述了着急的心情。刚当班主任时，每次和学生谈话，我都希望他当场表示接受我的意见，如果学生并不急于表态，我甚至会觉得他“不开窍”。过了些年，我明白那不过是一相情愿。就连教师自己，对任何事情（包括对常识的接受），也会有自己的思考，甚至需要一个漫长的接受过程。而完全可能的是：如果不经思考，我们也会接受错误的东西。这方面的教训太多了。

有时，教师的性急会影响学生的思维判断。我不止一次地发现，对待学生，过早或过高的期望肯定得不到好的结果。我曾不止一次地向学生强调必须及时阅读经典作品，否则到了高三就不可能有时间读了。可是偏偏有几位学生到了高三才明白这句话，并不顾一切地读了一些书。我说，现在读书代价未免太大。学生说，高一高二时老师对我们强调阅读经典，那时讲等于白讲，我们玩儿还来不及呢；现在我们能感受经典的趣味了，也有这样的阅读能力了；再说，只要想读，总会有精力的。他们的话引发我的思考：你想让学生做什么，不一定要那么急切，时机未到，不如等待。高中阶段有三年，每个学生情况不同，也许他们会有自己的安排。而且，任何一种教育要求，并非每个学生都能做到尽善尽美。

如果能耐心等待，可能会得到更好的结果。

听孙绍振先生说过，有个读一年级的小学生写了篇作文《我想当条狗》。这孩子为什么想当狗呢？他写道：……和妈妈在一起，看到她胆小，我就想做一条狗保护她。有人告诉我可以去当警察，但是我就是想做一条狗（大意）。——教师认为这名学生脑子有问题，境界低。可是这孩子的解释是：当警察还得上班，不能和妈妈在一起；当条狗不用上班，可以从早到晚待在家里，妈妈就不会害怕了。

如果教师能等待他，让他把话写完整，就可以知道孩子思维的准确，就能看出孩子的天真、可爱、善良，未必会认为是孩子脑子有问题了。

不是每个人一开始都能意识到这一点的。只有做母亲的，经常有这样的耐心。她信任孩子，她会等待。有位母亲告诉我，她的孩子从小懂事，三岁时就有些让人想不到的话。有一回，客人问："如果你有两个苹果，一大一小，你把哪个给妈妈？"——这类愚蠢的"测试"往往令人生厌，可是民间教育经常热衷于用这类问题折磨孩子。——孩子回答说："我在两个苹果上都咬一口……"客人惊愕地叫了一声："这孩子……"她想说的是："这孩子心眼儿可太坏了，两个苹果都霸占了！"可是孩子慢吞吞地说："……然后我把那个甜的给妈妈吃。"客人很羞愧，对做母亲的说："我差一点儿以为……"母亲笑着说："我的习惯是让他把话讲完；而且可以等他，让他把话重讲一遍。"

好的教育除了智慧，还在于有耐心。一个孩子的成长，要好多年，作为家长和教师，要有种树人那样的耐心，在平静中等待。

你愿意到我的办公室来玩吗

教师想找学生谈话，会很自然地说“放学后到我办公室来一下”，或者习惯地说“跟我到办公室去”。——如果的确需要让学生到办公室，这个意思究竟应当如何表达呢？教师有没有想到学生可能将因此而惴惴不安，也许一整天没法好好上课？

这些年，我很少请学生到办公室。我办公的空间很小，小到与学生谈话不得不低声说，声音略高一些不但会妨碍同事，更重要的是公开了内容有可能会让学生难堪。

以前，我也常对学生说“找你有点事，课后到办公室来一下”，或是“请你下午放学后到我办公室来一下”。当年，教师用这种语言似乎没有什么问题。但我们可能没有想到这样的语言会给学生带去麻烦。曾经有一次，有位学生和我谈过话后，如释重负地说：“老师，如果早知道你要对我说这些话，我今天中午就能吃得下饭了。”他的话让我后悔莫及，我没想到学生把一次例行的谈话看得如此重要，乃至于惴惴不安，连饭也难以下咽。虽然他的话可能有些夸张，但是，我的做法能不能再改进一些呢？

我想对一位学生说“请你课后到办公室来一下”，而在我说话时，这句话下意识地说成：“如果你有时间，愿意到我的办公室来玩吗？”学生欣喜地说：“当然。老师，你有时间吗？”其实所有的学生很愿意到我的办公室来。

“你愿意到我的办公室来玩吗？”我问。

“好啊，几点钟？”学生说。

“如果你不找我，我就直接去了。”学生说。

“老师，你到今天才想起来请我？”对我说这句话的学生有些不平，也许我早该找他了。

“愿意啊，可是我的作业太多啦！”像是委婉的托词，也是事实，至少他不怕来办公室。

改造教育语言，目的远不止是表示师生平等，也不完全是为了让他们消除紧张情绪。教师用这样或那样的方式表现对学生的尊重，学生在这样的环境中长成，他也学到了待人接物的方式。

同样，每次看到教师不文明的行为，我总是很焦急。他的粗俗，一定会以各种形式传给学生。学生时代学到的一切，都会渗入他们成人之后的生活中。教师今天这样粗野地对待他，在未来的年月，他也有可能这样对待别人。二十多年前，我去一所学校办事，看到对面教学楼走廊上一位教师殴打学生，动作幅度很大，学生捂着肚子在地上打滚。我问教导主任：“你们学校的教师怎么可以这样打学生？”主任漫不经心地看了一眼，慢条斯理地说了一句：“有些小孩子也太不像话。”——这件事让我久久不能释怀。当年那位被打的学生，现在应当40岁出头了，人到中年了，他会忘记学校给他的屈辱吗？他在自己所从事的工作中能敬重每一个人吗？

我们习惯上把自己读过书的学校称为“母校”，为了配得上这样的称号，我们当教师的，先得注意个人修养，应当在每一个细节上都尊重学生。

教学楼里有多少洗手间

问青年教师：你是否知道教学楼里有多少洗手间？共有多少坑位？有位男教师一口报出来：每层楼男洗手间两个，共有便池18个，便坑两个。问这个问题，是想到这层楼共有11个班，男生约380人，课间男洗手间比较拥挤。据说女生如厕更麻烦些。学校毕竟是学校，不可能把洗手间设置得如家里一样方便。但学校无小事，能否考虑到学生卫生习惯的养成，能否考虑到学生的具体难处，体现着教育者的修养。

中国的中小学生在校学习时间过长（每周学习时间之长可能已居世界第一），因此对他的生活而言，学校的洗手间就显得很重要。一般学校，早晨七点钟就上早读，有些同学匆匆用餐，来不及如厕；路途远的学生路上需要四五十分钟，刚进教室上课铃声就响了，如果这时他想去洗手间，会很矛盾，万一教师过于严格，他会有精神压力。40分钟或45分钟一节课，他不一定能集中精力在听，他盼着下课；然而那位教师如果拖上一两分钟，待到喊过“老师再见”，赶到洗手间，便坑那里很可能已经有两三位同学在排队！课间休息只剩三五分钟，很可能他只能再忍一节课，而下一次课间可能依然如此！

学生上课憋不住，向教师提出去洗手间，教师应当同情，不必问原因，更不能讽刺挖苦。我的经验，学生不到万不得已，是不会当众提出这种请求的。有些教师态度比较生硬，他会觉得这位学生妨碍了上课，他会认为学生没有利用好课间休息的十分钟，他甚至会认为学生习惯不好（甚至讥讽学生用餐过量），总之，即便他“恩准”，也非要让学生付出点尊严作代价。我上小学四年级时，正逢所谓“三年困难时期”，班上有位留级的同学，广东人，身材高大，坐在最后一排。有次上数学课，她举手要去洗手间。数学教师叫她站着，问："为什么就你事多？你昨天吃了什么好东西？"问了三五遍，女生委屈得哭了。虽然有少数学生嬉笑，但大部分同学很安静，大家同情她。趁她去洗手间时，数学老师告诉大家：她爸爸是厨师，家里吃得好，大概爸爸带剩菜给她吃，油水多，所以拉肚子了。后来那位女生在班上经常被同学挖苦，过得很不好。仅仅为了上一次洗手间，一位学生忍受了那么多的侮辱。多年以后，有人告诉我那位数学教师退休后的情况，我就想起了她当时的态度。她也许根本没想到学生会记得这件事。可是她的无聊和庸俗，曾给一位女孩造成了多大的伤害啊！

再往前看，在小学低年级，在幼儿园，孩子们排便更是一件比较大的事。教师无论如何不能漠然视之。据我的经验，很多孩子的心理恐惧都是在寄宿制幼儿园时形成的。特别是到了晚上，老师怕孩子尿床，也为了让孩子不起夜，强迫他们入睡前一定要到洗手间去一次，这就人为地造成部分孩子心理紧张，不能安睡，而且这种强迫症有可能伴随他好多年。

看到学生平时上课不敢多喝水，就感到中国学生特别可怜。懂行的教师都应当知道，对孩子的健康来说，水，是多么重要！中国学生的体育锻炼本来就比西方国家青少年少，健康不达标的比例很高，而学生长时间地受束缚，不能自由地选择自己的生活方式，也就谈不上所谓的个性发展。

学校必须有纪律教育，学校必须培养学生良好的生活习惯，只是这一切应当以人为本。比如，学校不要过多地追求建筑的"高、大、洋"，切实把洗手间建好管理好，方便学生，养成他们良好的卫生习惯；教师上课不要拖堂，低年级的教师能经常提醒学生及时如厕，课上允许学生在特殊情况下自行从教室后门去洗手间而不必报告……我们很多教师一直是这样做的，并没有出现不好的结果。我们应当相信学生的自我修养。

当然，这其中的意义，远远不止是让学生获得关怀。

“你一定能写好的！”

我认识的一位学生，毕业十五六年了，读书很多，文笔有灵气，常有隽永之语。有次闲聊，问她当年在校学习为什么总是不起劲。她说当时有些压抑，因为从小学四年级起，她就和教师保持距离。有次作文课后，老师来找她，问她：“这篇文章是不是你自己写的？”她说是的。老师作深沉状，摇了摇头，不说话，像是在等待什么。她很惊讶。这篇作文当然是自己写的，而且本可写得更好。因为她一直偷偷读小说，读多了，也就略知一二门道。而教师没有经验，也不知道如何与学生沟通，就只有怀疑。

此后在年级作文比赛中，已上了五年级的女孩的作文引起了其他教师的注意。看到学生的作文写得好，作为教师应当很高兴。可是偏见缠绕在那位女教师的心头。竟然又一次不给这个女孩决赛的资格！老师又来找她，旁敲侧击，想诱导她说出这回抄的是谁的文章。女孩心寒了，她只是冷冷地说：“我能写，你可以考我。”

可惜这位老师水平不高也无胸襟。从此之后，在老师那怀疑的目光下，这位学生竟然不愿意在作文中展示自己，小小年纪就懂得藏拙，知道要“钝”一些，以让她的老师放心。

我反思自己的教学，是否也有过那位教师的愚蠢行为呢？也许有过那种“一闪念”，不过我没有那样武断，我也不大相信自己的学生会抄袭。这中间既有对学生的情感，也与自己的经历有关。我小学四年级时，作文平平。我在三四年级的作文最多只有 4 分，看到作文本上那些个“3^+”或“4^-”，总会觉得我在老师那里就是这个“3^+”或“4^-”了。

五年级上学期，来了位沈定芳老师，她是江阴人，说话很硬朗，批评学生也很直率，就像对儿子女儿似的。她总是对我们说：“你一定能写好的！”有那么一次，我的作文得了个“5^-”，我从来没有得过这么好的分数，激动得把那个“5^-”的作文看了好多遍，体会沈老师给我“5^-”的原因，我甚至去想象她在批这篇作文时的表情……沈老师问我：“为什么这一篇能写得很‘顺’？”我说是编的。其实，在那个暑假，我看了七八本小说，有儒勒·凡尔纳的《海底两万里》和《神秘岛》，有苏联的《金星英雄》和《我们这里已是早晨》等。我读小说读出了“叙述”的一些门道，再来写老师布置的“我看到的一件事”，就懂得用点“铺垫”，来点“起伏”，加点议论或抒情。——当然，这是当教师以后才懂的，当时不过是自然地那么做的。

多年教学之后，我在这方面有了一些经验。如果你的某位学生写作水平突然让你眼睛一亮，开始有选材意识，开始注意修辞，有模有样，你不要惊讶。你最好先关注他最近读了些什么书，有没有受某个作家或某些作品的影响，你还应当想到是什么事物感动了他，他最近有什么样的发现，等等。写作教学对学生掌握写作技巧有一定的作用，但我可能更重视学生通过阅读而获得的写作感悟。

在小学四五年级，我和那位女生的起点是一样的，可是因为我们遇到了不同的教师，于是就有了不同的人生经历。从这个意义上说，教师有可能给学生发展的机会，也可能毁灭一株幼苗。教师的修养太重要了。

四十多年前的那个“5^-”，让我开始喜欢写作。这个“5^-”之后，我就经常得5分了。从那以后我的作文分数一直比较高，经历过“文革”，多年后上大学，再后来又当语文教师，我一直记着那个“5^-”给我带来的变化。我一直到现在仍然感谢沈老师，想着她的那句“你一定能写好的”。我现在教写作，也常对学生说：大胆地写吧，你一定能写好的！

多让学生说说话

你来信说学生不爱说话，在学校里，听不到他们说话的声音，更听不到他们的歌声。你说的这些，我也有同感。近些年我在和学生家长的谈话中，经常说这样的话，“你的孩子在这里学习一两年了，可是我仍然不熟悉他（她）的声音”，“你的孩子快毕业了，我却记不得他说过些什么”。

虽然我渴望安静的生活，特别是在自己“奔六”之后，健康明显不如从前，但为了和学生沟通，有问题及时联系，我还是把私人电话在班上公开。可是很少有学生来电话。我想，也许是这些学生认为每天可以见到我，不想麻烦我。给我打电话的却经常是他们的母亲。这些母亲在电话里不断地重复她们对孩子的各种忧虑和担心，在得到我的回答之后，她们仍然不愿放下话筒，一遍遍地重复我已经听了多遍的各种事，她们甚至完全不顾教师需要休息。家长的喋喋不休和孩子们的沉默寡言形成鲜明对照。有一回，我和一位家长开玩笑：怪不得你的孩子不肯说话，三年来他对我说的话不及你一次电话内容的三分之一。有位家长每学年四次家长会，每次必要坐在我这儿谈半小时，他不善于表达，于是每句话要重复三五遍。而他的孩子口讷，在我的语文课上，她没有一次主动说话。

这些孩子为什么不爱说话？

家长和教师经常这样教育学生：你现在不说话，没有交际能力，以后怎样去找工作？——说得不错，不善于表达，不会交际，以后找工作面试可能会有些困难。然而这并非是“表达”的目的，如果用这样的方法劝导孩子多说话，可能未必有什么效果。因为不爱说话未必找不到饭碗。有些领导者就很喜欢“不爱说话”的下属。一个有专权意识的领导者（或者一个腐败官僚），是不喜欢有一群敢说话、会说话的属下的，他最喜欢一声号令万马齐喑，自己振长策而御宇内。中国人在评价某个人时，往往把“不善言辞”当做优点，而把“言多必失”作为教训。这也许是中国式沉默的原因之一。

在一个进步的社会，在一个需要发展的社会，从公民的责任与义务出发，或者从关注自己的生存出发，“说话”本身会有一些新的意义。这远非《语文课程标准》中有关“口语交际”的解说所能涵盖的。

人生在世，会有自己的情感世界，有对世事的认识和分析，有自己的态度与立场；同时，作为有文化的人，他的内心世界需要阐明和表达，需要与人沟通。他有自己的意志，有自我表达的激情，有自己的表达方式，这，才是正常健全的人格。

在很多场合，可以看到成年人没有自己的话语方式，他们背诵领导人的讲话，重复同事说过的话，照读报刊上的文章，既没有自己的观点，也没有任何语言魅力；他们不在乎是否有人愿意倾听，也根本不考虑听众的情感。他们的声音没有任何价值，一旦说完，便如释重负。毕竟，公开说话在他是一件困难的事。

是什么让一些人在青年时代就不愿意说话？不管有多少种可能，我们先得从学校教育教学找原因。刚进小学一年级时，绝大多数孩子是不会沉默寡言的，可是，后来为什么出现了这样的差异？有没有注意学生自由表达的欲望？教师有没有注意到让每个学生都有说话的机会？有没有创造让学生说话的机会？在课上和课后，是否有意或无意地挫伤过他们说话的积极性？有没有倾听每位学生说话（说任何话）的意识？有没有把说话时间留给学生的习惯？如此，等等。其次是家庭，家庭成员是否有良好的表达习惯？是否有令孩子尊重的语言修养？更为重要的，是孩子在家里是否有平等说话的机会，家长是否有“倾听”的习惯，如此，等等。

经常听到同行国外考察回来的报告，说西方发达国家的孩子表达能力如何强，对比之下，中国学生不大善于公开表达自己对问题的看法。这个对比是否正确，暂且不论，比较他们在什么样的环境下说话，会得到什么样的评价，倒是值得深思的。

多让学生说说话吧。现在多说说，在说中想，在说中提高表达的水平。未来社会，未必是“言多必失”，而很有可能是“不言即失”。

作业评价未必要用同一标准

我的这个观点屡遭质疑。批评者理直气壮，依据只有一个：教师在教学上要坚持公平原则，“一碗水端得平”。

我当然还不至于糊涂到想反对教育公平。谁都知道，特别在考试和选拔当中，这个“一碗水端平”，不应动摇。然而，我这里说的不过是作业评价，一种对“练习”的评价。面对一个班五十多个思维性格不同、发展速度有差异的学生，“端得平”的“标准”能测定出差距，而未必能为学生的进一步发展提供什么有效的帮助。我不赞成实行所谓的“低分政策”。有几次看到某个学科的考试成绩，班均分四五十分，一半人不及格，教师却说：“区分度大有利于选拔”，“要给他们一些压力”。可是他们忘记了：这是基础教育阶段。任何违反教学规律的评价方式都会伤害学生，从而造成学生更大的学习困难。

为什么要重视学生的感受？为什么要重视学生（特别是一些学习有困难的学生）的渴望？因为我们的教学面对的是活生生的人。

在理科作业中，可能有唯一答案，有时甚至需要使用唯一的方法，而文科作业未必如此，答案往往是丰富多彩的，有什么必要把评价标准定得那么死呢？在一些名校，对个别学习困难的学生来说，他几乎没有可能成为所谓的佼佼者。但是教育者必须重视每一位学生的发展，要给他们足够的鼓励。有些学生由于种种原因，在某一学科的学习中感到困难，他们也作了一些努力，而始终没能走出困境，这就必须设法让他们得到不同一般的鼓励，让他们看到希望。所以，我们未必非得用同一标准去评价他们的作业。

我教过的一个高一新班，有几名学生作文水平和小学五年级学生差不多，他们甚至对“不少于800字”的要求感到困难，这曾让我非常苦恼。那样低的语文水平是如何从初中“熬”毕业的，是怎样考进这所学校的，不应当由我去问学生；既然他已经是这个班的学生，我就得对他负责。按传统的评价标准，他们的每次作文都不合格，即使“熬”到高中毕业，恐怕也达不到我的要求。如果按统一标准打分，他的每篇作文都只能得三四十分，而这样的成绩，对一名高中学生来说，简直是羞辱。我每次都在他们的作文中找“亮点”，每次都写出让他们感到温暖的评语，每次尽可能让他们及格。如果在他们的作文中找到一句比较通顺、准确的话，我会大加欣赏，着意表扬，让他们有自信，并关注自己的进步。甚至在每次作文批改后下发时，我特别注意他们看到分数时的反应。同事曾经感慨地提醒我“不要忘了我们教的是高中啊”，我告诉他们：你说得不错，可是我实在没有别的办法。

作业批改标准可以因人而异。只要尺度把握得当，能够激励学生，在不涉及选拔评价的作业中，可以一试。有一回改完作文往记分册上登分时，我惊讶地发现有位学生前四次作文都是“76分”，而这一次他的分数仍是76分！我停下来，一时不知该怎么办。我为自己的漠然感到震惊。我把他最近的这次作文再看一遍，的确乏善可陈。然而我想到，当这次作文发回到他手中时，看到这第五个76分，他对自己的写作还会有信心吗？再说，如果他目前处于学习的停滞期或“迷茫期”，他是需要一个高一些的分数的，也许他只需要一个80分，就有可能兴奋起来。于是，我把他的分数改为80分，并加写了一两句鼓励的评语。过了一段时间，这位同学在随笔中说起了这个80分，他说当时松了一口气。接着写到，从作文稿纸上能看出教师改动分数的痕迹，他想知道老师是不是有意这样做的。我告诉他，不是这样的，是此前我对你的作文关注不够。——我没有说假话，我一度忽略了学生的期待与渴望，现在我改正了。所谓的因材施教，也需要恰当地使用不同的激励方式，其中也应当包含灵活地使用不同的作业批改标准。

有位理科教师对我说，他上小学时，数学学得一塌糊涂，可是每次作业做错，老师批改时用红笔打叉——那个叉叉都很小，稍微大意一点还看不清呢；而如果做对了，老师笔下的那“钩钩”可就是大大的了。

那位小学老师是个有心人，他是在用“心”批改学生的作业啊!

良好的习惯来自学生时代

1986 年，我在教育笔记中记过一件事。连续几天，我在教室地上捡纸团，有同学很窘地说："老师，这不是我丢的。"我让他不必介意，因为我不是来帮他们搞卫生的。我逐一打开这些窝成一团的草稿纸，为的是看看学生使用草稿纸的习惯。一般情况是：学生不在意草稿纸摆放在桌上的位置（他通常不会把纸摆正），总是顺手在空白处演算，杂乱无序。但是，我曾见到有位学生的草稿纸上按顺序编题号。他告诉我，这样做的好处是：无论是考试还是做作业，在最后检验时，他不会在一张草稿纸上翻来覆去地找空白，根据题号，他很快就能找到先前的演算过程，这样大概可以省下两三分钟。这个习惯，可能会跟着他一辈子，他的一生中可以有无数个两三分钟，而且很可能会有几次关键的两三分钟。

许多良好的习惯都来自少年时代。

和十多年前比，现在的学生不爱劳动，学校也没有提供让他们学会劳动的机会，好多学校早就没有"卫生包干区"这回事了，取而代之的全是"价廉物美"的民工。中学是这样，大学也是这样；城市是这样，农村也是这样。而且学生不劳动，教师也不用劳动了。——以前办公室教师排班，轮流搞卫生，现在没有了。有一回我顺便擦洗手的水池，路过的学生很怪异地看着我。我现在也感到那样会惹麻烦，同事会不会认为我在玩"劳动秀"？

必要的日常劳动习惯为什么没有成为教育的内容？

有年春节，一群学生来拜年，学生高兴，在我家吃完中饭又吃晚饭。

就在大家尽兴地玩耍聊天时，有位女生一直在厨房洗碗，打扫。同学们夸她会做事，开玩笑说她以后一定是贤妻良母。她不爱说话，只是笑着回了一句："总不能让师母回来替我们洗碗吧。"二十多年过去了，她事业有成，家庭幸福。当年她学习成绩并不出众，但是大家记住的是她的善良，她对所有的人都真心地好，每一件事她都认真地去做。现在很少看到那么懂事的学生了。

前些年有个班主任告诉我，他班上有位女生能用 30 元钱采购一次班级活动的全部用品，而其他班 100 元都嫌不够。每次她都征求大家意见，了解同学们喜欢什么，也了解大市场小商品的价格，会比较质量；她会计算，采购的所有物品都能不多不少，一点都不浪费；她去采购连公交车也不乘，来去骑自行车；活动结束，她把彩带、包装纸整理好，说"下次还可以用"。整个活动既大方，又节约。我听了以后很惊讶，也很佩服，觉得尤伯罗斯当学生时可能也是这样。如果学校能发挥这位学生的管理才能，如果学校能注意培养更多学生具有这种能力，如果社会能形成这种务实的作风，进而让这样的青年去执掌社会权力，他们将会创造出什么样的奇迹啊。

哈佛要教的，无非也就是这些。

充溢着温情的小事

学生迟到了，他面带愧色，站在教室门口轻轻地喊一声“报告”。他很尴尬：喊轻了，老师听不见；声音大了，又怕惊动大家。教师发现了，也只轻轻地一点头，让他回到座位上去。他已经知道迟到妨碍了大家，你尽可能不要多问，你的目光甚至没有必要停在他的脸上。我对这样的学生印象很好。这样的学生总是很注意个人修养，他们总是想到自己的行为不能妨碍别人。以这样的品格，以后是能够在一个文明社会立足的。

课代表来交全班的作文，她把作文稿纸按学号顺序理好。因为她发现这样排列，老师在往记分册上登分时，不用再把记分册翻来翻去。在我多年教学中，有过许多课代表，这一位最细心，她能想到为老师节约一点时间，省去一点麻烦。我想，以后她至少可以是一位称职的秘书，当然，她还可以从事很多职业，她完全有可能成为一名有效的管理者。对自己的父母或子女，她的照拂也一定细心备至。

校园改建得不合理，草坪和水泥路上被挖出一条河，架上木桥。到了秋天，桥面有霜，冬天则会结冰，一不留神，就会滑倒。有一次，一位我不认识的学生站在桥边，提醒我说：“老师，你一定要慢一些，我刚才在这里滑了一跤。”我小心翼翼地走过去，见他还没走，停在那里，因为远处又过来几个人，他是想提醒后面的人。这不是他的岗位，也不是他的责任，但他不愿在他之后，还有人在这里摔倒。

晚上下班，我回宿舍区，捧着一大堆杂物。有个学生也出校门，说：“老师，让我替你拿包，好吗？”我说：“谢谢你。我能行，你回家吧。”学生说：“我顺路。”有他帮忙，轻松多了。到了宿舍门口，我疑惑了：“你家住在哪里？”他说：“我顺路去买份报纸。”买报纸？他有这样的习惯吗？可能不会，他只是想不让我有歉疚感。这个心地善良的学生，不仅对老师，对同学也经常这样。

下了课，走下教学楼，发现下雨，而伞忘在教室里了。我实在不愿意再爬上五楼，我太累了。一位男生见我神情犹豫，关切地问：“老师，你怎么了？”我说：“待会儿放学时，你找个同学把我的伞顺便带到办公室。”男生说:“这有什么,我马上去拿来。”我说:“不行,没这个道理。”他说：“老师你年纪大了，这对我来说是很小的事。”说完一溜烟地上了楼,拿了伞跑下来交给我。有次家长会,他的母亲来看我,我说起这件事。她说：“有这样的事？我没听他说过。不过，他就是这样，喜欢帮别人，习惯了。”

在这寒冷的冬天，望着阒无一人的校园，忽然想起这些小事，心里有了一丝暖意。雪化了之后，草还是会变绿的。

吃完最后一根面条

15 年前的故事。几个学生一起在小饭馆用午餐，每人点了一碗最便宜的阳春面。大家边吃边说话。邻座有几个喝酒的中年人，大概是太无聊，一直闲看着这四五个学生吃面，你一言我一语，讥讽学生“只能吃光面，连个小菜也买不起”“读什么书！可怜穷酸样”。我的学生并不在意，他们差不多吃完了，有个同学还在碗里捞剩下的面条。邻桌闲人开始大声挖苦：“好！又捞到一根，哈哈！”“又捞到半根……”学生无言。捞面条的小洪不动声色地喝完了面汤，放下碗，站起身走到这几个中年人面前，庄重地说：“我今年 17 岁了，还不得不用父母劳动换来的钱吃饭，我已经很羞愧了，你们说，我能不把它吃完吗？”几个无聊至极的中年汉子张口结舌，尴尬地不再说话。——这时，其他同学也都端起碗，把面汤喝光了。大家意气扬扬地走出饭馆。

我在小洪的作文中看到他吃完最后一根面条，喝下面汤的场面描写，有些激动，恨不得立刻看到他。几天后在作文讲评时，我介绍了他的作文，后来又把这篇文章推荐给了杂志。我之所以赞赏他的文章，除了主张质朴的文风，还在于他不但珍惜父母的劳动，并能郑重地向陌生人表达个人的意志。

后来我常向高中新生说起这件事，并非是那篇作文的表达，因为可以举出的作文范例很多——我介绍那篇文章，有时是劝告学生不要在物质生活上攀比，有时是为了启发学生对亲人感恩，有时是为了强调子女对家庭的责任感。

几年后一个偶然的机会，我见到小洪的父亲，他是一位优秀的教师。

我说起当年那篇作文，他说，发表在杂志上后他也看到过。他认为孩子那样做很正常。

好多年过去了。不久前收到一位留学生的信。这位学生在留学期间省吃俭用，而同舍的富豪子弟嫌他贫穷，不愿和他合租房屋，离他而去；他不得不独立支付房租，生活更加拮据。在这样的窘境中，这位学生给我写信："为了我以后的出路，父母送我出国留学，我几乎用光了家里的积蓄，已经很对不起父母了，他们都是工薪阶层……我 23 岁了，还在用家里的钱，我心惭愧……我唯有勇敢地面对困境，才能不辜负父母的血汗钱……老师，还记得当年课堂上你说过的学长的那碗面汤吗？我现在和他一样，每顿饭都吃完最后一根面条……"

不管世界如何变，有些基本的情感是不会变的。友人之子在国外留学，虽然家境富裕，他在课余仍然打工，去超市搬货上货，自食其力。当父亲顺道去看望他时，儿子把他带到自己工作的超市，自豪地告诉他："我就在这里打工，过一会儿我就上班了。"我的几位朋友说起孩子，都很欣慰，按世俗观念看，学历、收入有高低，职业有差异，但孩子们和父母一样，成了合格的劳动者。

心里装着学生的心

回忆自己上小学，面对教师时，心思多复杂！有时候希望老师看到自己，有时候希望老师看不到自己；有时候希望自己是神仙，有时候希望老师是神仙。坐在座位上，老师的一举一动，都在我们眼里；我们的一举一动，在不在老师的眼里呢？

我走上讲台，又开始想八九岁时的问题；我教了半辈子的书了，我还在想这些问题。如果我们的心里能装下学生的心，学生的心里也能装下老师的心，教育，会是一种什么样的境界啊！

每次改学生作文，对必须要打不及格的，我都有些不安，我甚至有些下不了手：学生作文用稿纸写，分数批在首页右上，多年来我习惯这样做。因为这样记录得分、准备讲评资料时很方便。但是，在发已批改的作文时，课代表会看到这位学生的分数，其他同学也有可能瞄上一眼。总得改一下。虽然有些麻烦，虽然作文不及格的人不多，我还是考虑要改变方式。至少可以把不及格同学的分数批在文末，这样他会庆幸同学们没看见，也许可以让他心里平静一些。

美国一些学校，学生试卷发回时要对折(有的学校还有专门的封套)，不让其他人看到分数。我们这里一个班五六十人，大学科教两个班，小学科要教五六个班，检测又特别多，要做这样的工作，教师就太累了。能不能想些办法，保护那些学习有困难的学生，我经常思考这些细节。要培养学生的私隐意识，否则他长大之后会这样无意识地去对待他人。

我在倾听学生发言，我想弄清他的思路，他为什么会这样想而不那样想，或者他的发言为什么和我想的竟然一个样。每当学生发言出现了明显的问题，我比学生还要苦恼。作为学生，他发了言表示了个人意见也就算了，我却得绞尽脑汁，寻找他发言中的合理成分，同时要用委婉的语言指出他的意见的不足之处，同时，还要启发更多的学生来呼应。——不要以为这样的事不重要。我问过许多学生，他们都有过这样的经历：认真地作了思考，鼓足勇气发言，却因为教师的不置可否或是同学们的反应冷淡而尴尬、后悔。

每教新班，我都注意看一下学生的民族背景。1999 级，我教的一个班，学生来自 5 个民族，在江苏，这样的情况不多见。我上课时特别向学生作了介绍，告诉大家：非常难得，这是大家的荣幸啊。同学们也很兴奋，彼此更加亲热。有些事，最好尽早用这样的方式表明一种态度，因为学生年纪小，尊重、敬重的意识要从小培养。以前有过教训，有些同学喜欢打听少数民族同学的习俗，由于无知，偶尔也会出言不当。有一届直到毕业大家才知道班上有位同学是少数民族，而他在班上从不说自己的民族，仅仅是因为担心同学产生过分的好奇心。

单亲家庭多了。教师要特别注意，因为你讲课或者讲话时很可能不经意地触痛学生。有一回学习材料内容涉及“离婚”，想到班上有好几位同学是单亲家庭，我便就文本稍作发挥，说“其实离婚率上升也是社会走向文明的标志之一”，这种看似无意的解说，至少可以让这些学生知道，有些事不是耻辱。班主任和任课教师应当了解学生的自然情况，比如，有的学生失去了父亲或母亲，个别学生家长患有特殊疾病，有的学生家庭经济困难，等等，教师如果不了解，无意间的一些话语会让学生尴尬。

不管学生犯了什么错误，若非特别情况，尽可能不要当着第三人的面训斥学生，不要让其他人对你的学生产生误会。对严重违纪的学生，也要注意就事论事，千万不要“掀老底”。——我刚刚开始在这所学校工作时，前辈教师这样告诫我。我一直努力这样去做，现在，我也到了前辈当年的年龄了，想了想，这些话仍然是正确的，所以也想对你们说。

高中时代的秘密

二十多年前看过一篇苏联小说，好像是阿列克辛的《做个学生多难啊》。小说写一位 10 岁孩子的难题：小男孩爱上了地理教师，可是女教师根本没注意到这孩子的变化。小男孩为了引起教师的注意，狂背地理书，把书上内容烂熟于心，家里也挂满了世界各国的地图。他天天自觉地背地理知识，每天盼着上地理课，可是女教师似乎一直没有发现他的地理才能。他不得不找小伙伴做“托”，上课故意找老师的碴儿。小伙伴故意刁难女教师，提出有关世界地理方面的极为冷僻的问题，比如，某国某省的一个村庄在哪里，某国一条不知名的河流有多长等，当女教师张口结舌莫名其妙时，小男孩就会举手说：“我知道！”然后站起来大谈一通，他经常地这样做，以为女教师会喜欢他，重视他，甚至崇拜他。可是每次女教师总是冷冷地让他坐下。从此他心灰意冷。几年过去了，同学们去看望已经结婚的地理教师，回来时他急切地打听：“她问起我了吗？”伙伴告诉他：“提到你了……她说实在不明白，上课时你为什么总要和她捣乱……”

小说的最后一句是小男孩的哀叹——“当个学生可真难呀”。

我看过之后曾想到要注意这样的学生。我把这个故事说给同事听，大家感到很有趣，笑过之余，也有老教师说了些很微妙的故事，提醒大家，学生的内心世界丰富得令人想不到。

不久前，我参加往届生的聚会，十几年前，这些学生和我之间话并不多，有的见了我还有些拘谨；现在，有了一定的人生经历，并永远地摆脱了课堂状态后，他们和我像朋友一样地坐在一起。他们什么都说，什么都敢问。

我说，我很想知道，当年读高中时，你们每天做些什么，我以为自己看见了，可是你们内心在想些什么，我怀疑自己永远不知道。然而这对做教师的人来说，有可能是比较遗憾的事，因此我有些好奇。

同学们笑起来。有个女生说，她在高二时曾迷恋某教师，认为他“潇洒”“声音特别有魅力”；有的说，她曾在一段时间内迷恋某影星，大白天也做过许多想入非非的梦；还有一位叹息说，她曾看错了人，上课总是走神，白白耽误了好多时间，到了大学才知道“那家伙伪装得太正经，其实为人不咋样”……好多胡思乱想，都发生在课堂上！那些年，这所学校学生都还比较单纯，遇事也比较克制，他们所说的高中时代的这些事，我当时一点也没察觉。

我也想到，幸亏当时我不知道那些隐秘的故事，如果我很在意他们的胡思乱想，以我当时的修养水平，可能未必会作出正确判断。

青春时代有些个人的秘密，也许更值得回味。我想到，因为隐秘的内心世界有些美好的事，他们在精神上有了支撑，或许加注了生活的动力，促使自己上进。每天起来都能有渴望，有梦想，这样的生活还是很有意思的。

相反，如果一切都太实在了：今天的作业完成了，课堂提问没喊到我，测验考试得了优秀，回家公交车没耽搁，可以准时睡觉……那样的生活虽然平静，但是索然无味。没有波澜，没有梦想，没有青春的萌动，高中时代也就没有什么诗意。

所以想到，让学生有些秘密，未必有什么不好。

这样的学生可爱吗

你问我："是不是所有学生都可爱？"

该怎么回答你呢？还是说些事给你听吧。

有位学生很勤奋，立志要考名校，他经常为考试成绩发愁；不管考得如何，他在宿舍里总是唉声叹气。——如果考了 99 分，他会为丢的那一分叹气；如果考了满分，他会因为不是唯一的满分者而叹气；如果他是唯一的满分，他又会为第二名的分数和他比较接近而叹气……他永远不满足，一些教师称赞他"进取心很强"。高考期间，同学回宿舍休息，每天中午和晚上，这位学生都在宿舍里大谈自己如何"倒霉"，如何"臭手"，弄得其他同学人心惶惶，无法休息。考试结束，分数公布，他得分却很高，录取在名校；而每天无端受他干扰的同学，有些考得不太理想。当年的同学至今很不理解他。有人说，当时以为他真的是判断力不行，后来回想，有可能是为人问题。

学生在家庭接受什么样的教育，在外就可能有什么样的表现。同样，他的周围有什么样的朋友，他也有可能做什么样的事。有个学生研究生毕业后申请去某国留学，当时不像现在这样方便，需要一些证明材料和必要手续。学生打电话给老师，你是否认识某部门的某先生？能不能给他打个电话？教师不解其意。学生说，我申请出国，需要一份证明，证明我是华侨；某先生手上掌着印把子，让他为我出个证明。老师说，可你不是华侨，你这是要他替你开假证明啊！学生说："老师啊，你怎么这样糊涂呀，现在有什么是真的？我出五万元钱，你给他，现在什么人不需要钱？"

这是件很让人痛心的事。作为教师，为社会痛心，也为教育痛心；而因为是学生做的事，它会长久地刺痛着教师的心。一个学生，敢于在老师面前肆无忌惮地玷污社会准则——还有比这更失败的教育吗？

走在校园里，几乎每天都得给横冲直撞的学生让路，这些学生没有给师长让路的习惯，他们能从楼梯上一路冲下来，如果你来不及让，被他撞倒，他至多说一句"不好意思"就跑开了。这种现象在很多学校都存在。学校、教师和家长只重视考分，不重视文明教养，把不少学生宠坏了。一些学生自我中心的意识特别强，心中完全没有他人，对师长也没有礼貌。几年前的一次考试过后，有个新生直接走到我的办公桌前，面无表情地问："多少分？"第一次听到学生这样说话，大为吃惊，我不知道是什么样的父母，或是什么样的教师教出了这种没礼貌的学生。一般而言，十六七岁的孩子，基本教养已经形成，要改已经有些难了。更不可思议的是，一些女生也是这样以自我为中心。有名女生向校方投诉，称两个男生"有流氓行为"，并到处传播。学校数次找这两名学生作训示性谈话，那两个男生直到毕业也不知道自己究竟做了什么不对劲的事。这种不负责任诬蔑同学的行为，如今在学校也不鲜见。遗憾的是，无论学校或是家长，普遍重视学生的成绩，他们把成绩当做"可爱"之物，那本该可爱的品格自然就无人重视了。

联系到当今人际关系的复杂，社会文明程度难以提高，我们不得不想到，一个人如果在基础教育阶段没有受到应有的教育，将会产生多么严重的后果。

应当说，每个孩子都是可爱的，经过良好的教育，他们都有可能成为有教养的公民；我们应当珍视他们身上那些值得爱的禀赋，不要轻易地让它们丢失。无论这样的工作有多艰难，我们必须去做，而且要抱着这样的信念：这件事，如果我们不去做，可能就没有人做了。

的确有很难教的学生

常有教育专家引述一句话："没有教不好的学生，只有不会教的老师。"这句话听上去很像教育的真理，然而这句豪言最早是谁发出的，究竟是在什么情境下说出的，不清楚。从鼓励教师面对困难勇于实践的层面说，这句话也许有些道理。的确有教师把一些被社会认为不可救药的孩子培养成了合格的公民。我也常看到有关改造罪犯的教育，和那种灵魂拯救者的胸襟相比，一些职业的艰难似乎微不足道。

可是，如果就此批评教师没能把所有的孩子都教好，那是对教育的苛求，某种程度上也反映了对教育的误解。教育本身是科学，既是科学，就不可能有"绝对"；既是科学，也就存在许多需要探索的问题，也必然存在我们暂时无法解释的现象，也就必然存在目前我们没有能力解决的问题；既是科学，它也将允许失败（虽然所有的失败也是相对的）。

真的"没有教不好的学生"？

在初中阶段或高中阶段的三年时间内，要把一名已经形成诸多坏习惯的学生改造成优秀的学生，很难。即便能使他有所转变，所付出的代价往往也很大。作为教师，当然不应当这样计算"教育成本"，可是如果我想到，我本可以用这些精力和时间让更多学生获取更大的进步时，我很难对那些不珍惜他人生命的学生产生好的印象。

现今生活水平提高，物质供应丰富，"人力费"贵了，"修"不如"买"；比如有些电器，早就过时了，很难修理，不如买新的。但这种法则不能沿用到人身上。比如，人生了病，无论花多大的代价救治，也不应当放弃，因为每个个体生命的价值都是无可替代的。教育也是这样。每个人成长的环境不尽相同，而且每个人的学习过程都很长，在你担负教育任务的这一阶段，学生很可能处在低潮；过了这道“坎”，他也许意气风发，突飞猛进，你凭什么判定他无可救药呢？

但是，十七八岁的青年，行为习惯已经养成，要想改变，很难了。急于扭转，也许会使他产生逆反心理。相对于行为习惯的改变，品格更难改造。如果一个十七八岁的学生行为自私乖戾，而家庭又特别放纵他，那么这名学生一般也很难有什么发展。也许只有在成年后遭受重大挫折，或是有了“顿悟”（或是接受宗教影响），才可能有转机。因此，我至少可以说：也许在现阶段，他是“教不好”的。

我失败过。以前当班主任时，在个别学生身上花去的精力，甚至相当于多教一个班。有时连学生也看不下去，悄悄对我说：“老师，你别管他了，他家里有的是门路”“你别以为他有困难，他是装的；他故意要和你捣乱，他很自私……”前些年有名学生学习成绩差得出格，不知是通过什么关系进来的，依我看他根本不适合读高中。和这位学生谈了多次，他仍然不做任何作业。不止一位同学好心地提醒我：“老师，你对他不能用一般要求，他爸爸妈妈都做大官”“不要看他门门不及格，他以后的出路比我们可靠，以后我们班没人能‘混’得过他”。而我总觉得自己不能漠视学生的存在，我仍然把较多的精力花在这样少数几个人身上。而后来的一切正如我的学生所料：他们的学习能力很差，却仍然上了不错的大学，毕业后得到了其他同学不敢想象的重要岗位。

有这样一些学生家长，他们经商成功，总认为一切都可以交换，也下意识地把教师当做商人，和教师交谈时也像是做买卖一样。比如，他说“老师只要能把我的小孩送进‘一本’，我们愿意多花一些钱”，或者，“他这次考试作弊也是有原因的，如果能不处分，我们愿意给学校作点贡献”。他们的子女耳濡目染的，全是商界的各种“潜规则”；当他看到父母通过这些旁门左道获得金钱乃至知识分子难以获取的社会地位时，他凭什么要信服学校的正常教育，凭什么相信读书学习是有用的？

遇上这样的学生，即使教师不放弃，也不敢指望能改造他。当然，医学上的“绝症”从来都是相对的，教育学上也没有“绝症”之说。我们遇到的许多问题，其实是社会病。我在前面说过，有时候，我们只能等待。客观地说，至少，在学生的某个阶段，我们很难教好他。

不要盲目地批评教师没有尽力。如果我们把这句“没有教不好的学生，只有不会教的老师”的逻辑移用到其他领域（比如医学，比如极限运动），或者移用到行政管理工作上时，谬误肯定会显现出来，是不是一定要到那时候，才会引起人们对这句话的反思呢？

尊重学生的参与权

在学校的日常事务及各种评比评奖中，学生的参与度究竟有多高？

我当班主任时，学校的教室条件没有现在好，高中部每个年级一层楼，教室方位格局不同，有好中差之分。学校对此实行轮换制，这样三年中每个位置的教室都轮上一遍，平均使用，相对公平。我带班时，高一高二的教室比较差，学生相互安慰："等吧，熬吧，到了高三，就能有通风的教室了。"到了高三，搬进了通风的教室。没过一个月，学校突然要调换我的教室，因为有位班主任提出他的班多四五个人，希望换通风的教室。我指出：班级按惯例轮换教室，不要破坏规则，不能因为个别人的诉求就随意更改。校长跑到我的办公室，当众说："立刻换教室。"我说："我得问问学生是否同意。"校长说："你这是不服从管理！"我回答："必须尊重学生的利益。我不会拿学生的利益来服从不合理的管理！"当时闹着要换教室的那个班主任急得快要哭了。僵住了。后来副校长"转弯儿"到我的班做学生的工作。学生表示，随意破坏规则，不公平；学校随意调动教室要尊重学生的情感。副校长比较和蔼，向学生做了耐心的工作。学生说，这件事就算了吧。

当然，我不能告诉学生，在学校的历次福利分房中，围绕各自的利益，怎样制订出了一个对利益群体有利的方案，又如何"戏中有戏"的。在中国，因为法治文明水平低，教育界从权势人物直到普通教师，都过分地看重自己的利益，一些行为有违师德，虽然大家在口头上高喊着要尊重学生。在没有办法满足最低的物质资源的情况下，教师要尽可能做到公平公正，不能让权势轻易地破坏这种已经很脆弱的平衡。这也就是我为什么经常说要“去问问学生是否同意”的原因之一。

1986 年，学校通知我，我带的班被推荐为省先进集体。第二天的早读，我拿着推荐表到了教室，对学生说：“有件事必须通报全班：学校推荐我们班为省先进集体……”话刚落音，全班一阵欢呼，很多同学鼓掌。我拿出相关的评选资料，把评选条件读了一遍，全班静静地听。读完了，我说：“这不是我一个人的事，是大家的事，所以，全班应当表决一下，以决定是否填这张表。”学生议论了一会儿。我说：“现在表决，赞成的请举手。”我数了一下，35 人。“反对的请举手。”11 人。“弃权的请举手。”1 人。我宣布：“通过了。”全班鼓掌。

我接着说:“现在，我想听听反对的意见。”有位同学站起来，说:“我一直觉得我们班离我理想的集体相差很远：我们班还不够团结；我们班的一些活动就是开展不起来；我们班个别同学从来不做值日生……”一位女生站起来说：“说到文明，我们班至少在三个重要的方面没有达到最低的要求……老师，你说过，不要爱虚荣，这个‘省先进’如果就是这个水平的话，不要也无妨。所以我投反对票。”——她的话刚刚说完，全班热烈鼓掌。

我们按照程序表决，尊重了大多数同学的意见，填了这张表，当年获得了省先进集体称号。但是在我的教学生涯中，那次表决的过程却更值得记忆。这个过程坚定了我的一个认识，即学生的判断力和道德心需要有机会得到检验。今天，当教育界几乎成了名利场，当少数利欲熏心的人为了一己之私玷污公平公正的情况下，我多么怀念当年的教育环境啊。当时有位德育教师听到我们为是否接受荣誉称号而作的“全班公决”后说，对学生来说，这种民主教育比一个荣誉称号更有价值。

这件事传出以后，学校一些干部和教师感到莫名其妙，也许他们到现在仍然没能理解。记得有位管理干部说：“这种事不能征求学生意见，如果学生反对，我们就不好做工作了。”社会上常看到这样的作风：个人只要有一点点权力，就绝对不让他人有可能染指；一个人有了权力，立刻希望所有的人都是顺民。根子可能在我们的教育。教育要培养学生的民主意识，否则就会这样一代一代无所谓地“顺”下去。

在以后的成长岁月中，学生能否坚持自己的权利，那可能在于他的个人素质和意志；但是现阶段，这种素质必须由教育来启蒙，这就是教师的职责。

怎样和学生谈话

有一届学生毕业时，一些同学回忆第一次见到我的情形。让我惊讶的是，他们竟然都记得和我认识时我说的第一句话。

我说了什么?

在问他们姓名时，我说的是 :“我叫王栋生，你叫什么? ”

我会说 :“你是不是叫 ××× ? ×× 中学来的? 教你语文的是 ×× 老师吗? ”

我会说 :“暑假去哪儿旅游的，你好像晒黑了。”

……

见他们之前，我先看了他们的照片。接一个新班，最好在正式开学前就能先了解学生的基本情况，等到开学上课，你对一些学生已经有所了解，很多工作已经做在前面了 ；再过一段时间，你已经熟悉一些学生的情况，这样较早地“进入状态”，有利于工作的开展。常见的手忙脚乱，往往是因为对开学阶段高密度的工作没有足够的估计，无法预料将要发生的事。当年我做班主任，每次暑期接新班，我会把新生登记表钉在墙上，反复看他们的照片 ；看熟了，对学生的性格也会有些猜想。那时候我的记忆力真好，新生报到，见到本人，至多稍微迟疑一下，我就能报出他们的姓名。有一次只错了一位，因为那位女生把辫子剪了。所有的学生都很高兴，他们觉得自己受到了重视。这第一句话就让我们的距离一下缩短了。

你说理科班的学生不容易对话，我没有这种感觉。

我不喜欢所谓的“正式谈话”，而喜欢聊天。你可以学习传教士的虔诚，但是你不要在学生面前扮演圣徒，不要把和学生的谈话当做布道。我经常和学生谈生活体验，有时我甚至会沮丧地告诉他们：今天早上，我做了件蠢事……

可以经常说些学习以外的事，如果和学生的谈话全是围绕学科学习的，对学生很不利。在很多闲谈式的对话中，学生获得教益或许更多：趣味、理智、情感、价值观、世事沧桑……底层社会的人们的许多智慧，并不是课堂上学到的。

谈话不要带目的，不要让学生认为你有机锋城府。不要急，不要指望一两次谈话学生就把什么心里话都告诉你。

有时，对学生说话需要明确地说，比如："你这样做我很喜欢""你这件事做得可不好""我真为你高兴"……

有时，和学生谈话不一定要直截了当。有些学生比较敏感，教师要传达这样的信息：虽然我很忙，但是我记住了你的事；我注意到你了，我很在意你；我如果说错什么了，希望你能原谅我的疏忽……

在性格敏感的学生面前你不要表现得明察秋毫，反应不能过快；让他们以为你迟钝，未必是坏事。有两三次，学生请我分析心理状态，我说得比较细，事后学生对好友说：在他面前，人很难保住自己的秘密。那以后我就注意适时地表现"我不知道"，以让他们感到心理安全。

一些有困难的学生来办公室找我，我和他谈过话后，会送他到门口，说再见。之所以要郑重其事，是想让他知道，他和我是一样的人，我们要尊重每个人的存在。

有次听毕业生谈中学经历，说起班主任语言恶俗给他的伤害。班主任在谈话中打了比方，说："别的同学都勤奋，你却无所事事；当别人丰收时，你两手空空；当大家衣冠楚楚时，你看看，你只剩下一条裤衩了……"那位男生事后伤感地对别人说："没想到一个女教师会这样说话！我难过的是她肯定忘记自己说过的这些话，可她的话我一辈子忘不了。"我听说这件事后无言以对，一些同行的语言没教养给学生留下的是各种各样的伤痛。这位教师无意间在学生面前露出了自己的文化“底子”。没有对文明的向往，光靠抒情作秀是不可能把自己打扮成学生喜欢的人的。当然，上面的例子还不算最粗野的，东北有位老师说，现在有些教师的语言和“赶大车的”“小放猪的”没有两样。我懂他的意思，其实并非所有的“赶大车的”和“小放猪的”的语言都是粗俗的。1965年我上中学时在南京江宁县陆郎公社抗旱半个月，没有听到当地农民说一句粗话，反倒是中学生说粗话的很多。

有些教师表达能力并不好，却非常喜欢说话，总是招致是非，甚至表扬学生也让学生生气。有个班主任一一评论学生：某人是千里马，某人像匹烈马，某人是黄牛型的，某人是猴子，某人是只老鼠……他本想表扬学生学业精进，或是有爆发力，或是任劳任怨，或是聪明伶俐，等等，可是他的学生不以为然，说：“我们老师从来不愿把我们当人。”

为什么不能朴实一些？你不善于表达，就老老实实地直说，何必玩噱头呢？他自以为聪明，会积极修辞，没想到总是弄巧成拙。学生对他有意见，他还不知道是哪一句话不得体。教师的语言要简明，要能说到学生心上。

一些教师很喜欢时尚读物，不难发现，那些浮华、平庸、廉价的表达方式在社会青年和娱乐界中很有市场。一旦学生发现这些语言来源，有可能对低俗文化感兴趣。

教师的语言要真诚，要能掏出心来，如春风风人，夏雨雨人。虚情假意，既非善意的谎言，也不是对待学生应有的态度。面对学生，教师出言也要谨慎。该说的不说，不该说的乱说，既会伤害了学生，也会把错误的语言方式传染给学生。

教师的谈话要有点境界。不要用庸俗的评价标准去衡量学生。因为个别谈话对学生来说是最接近教师的机会，最能直接受到熏陶，如果教师用庸俗的人生观价值观对事物作出判断，那是最危险的事。

让学生喘口气，好吗

有家报纸访谈结束时，请我描述一下“理想的教育”，我的回答是：“所有的学生在学习中得到人的待遇。在早晨的阳光中，他们哼着歌向学校走去，有时能停下来看看太阳；学生能经常地向教师提出有意思的问题，课堂上经常能有愉快的笑声；中午，他能吃到一份由政府提供的、全国城乡同一标准的营养餐；学生能保有自己的爱好，下午4点起，他们在球场上奔跑叫喊，或者在图书馆查阅资料，在实验室研究自己感兴趣的问题；晚上，做完作业后，捧起一本诗集，轻声地读给父母听……”

有青年同行看到这段话，对我的描述颇有疑惑：“年龄已经‘奔六’了，还这样理想化？”

我的年纪在学校的确不算小，一不留神，已是花甲。照说，做梦本是青年的事，可是青年们竟然反过来认为我浪漫，这就不免令我有些伤感了。在这一段描述中，除了“由政府提供的、全国城乡同一标准的营养餐”有画饼充饥之嫌，其余情景在我国普通教育中都是“过去时”，也就是说，未必是一件很难做到的事；实话实说，现在的教育在某种程度上还不如从前。有些人总要千方百计诋毁素质教育，认为那是无法实现的乌托邦，实在是因为对中外教育了解过少。

怎么就实现不了呢？我看连那个“免费营养餐”也是可能的，根据不精确统计（当然，我们也不可能得到精确的统计），我国每天用于公款吃喝的资金大约是6亿元，这么多的钱，可以为全国一亿多中小学生每人提供一份平均价格5元的午餐。也就是说，中国其实不缺钱。况且全国人民都同意“再苦也不能苦孩子”，如果有那样的营养餐，中国孩子的体质可能就不会是现在这个样。再说作业负担。GDP能翻三五番并不算难，各级政府报起数字来满脸红光，可是中小学生的健康指标下降却不被当回事，官僚们竟一个个背过脸去。这是怎么回事？

五一长假，国庆长假，有几天的休息，可是对学生是灾难。曾看到某校高二年级“国庆长假作业”，一共60大张纸，不停地做，也要做满7天。有个特级教师，寒假放假20天，他布置给学生的化学作业是80张讲义；有个数学“把关教师”，每天给学生的作业是两个小时的量；有个“学科带头人”，每周要学生写两篇大作文，写完了批个“阅”，推说“没有时间细看”。就这等劣质的脑袋，还配谈教育改革？

对一味增加学生学习负担的教师，无法去同他谈教育观念，他就是教学水平差，就是业务功底差，故而只能靠增加学生作业量来补自己教学之不足，或者替自己遮羞。超量作业的处理又有两种情况，一种是学生拼命做，教师苦苦地批改；还有一种是逼学生拼命做，教师逍遥，让学生对照答案“自改”。在一些重点学校，学生基础好，多做做，也没什么难度，只是牺牲了学生的发展空间。

有十多年了，学生学习负担逐年上升，“减负”成了笑话。看来，我们非得有一种统计测量理念：GDP要上去，学生课业负担要下降，否则教育局长和分管市长必须下台。除此别无他法。

不过，最需要反省的还是教师。请问：你一生从事教学，你知道学生将如何回忆你？如果他只记得你“狠”，能“狠抓死揪”，连课间十分钟都利用足，甚至不让学生去解手，当时家长一片叫好声，后来有人自杀了，有人拖垮了，有人到了成年一无所长，那就得回忆你的种种不是了。

有位同事说，他在某校听课，发现高三教室墙上贴着一条大字标语：“我们的精神要对得起我们承受的苦难。”——看到这样的话，谁还会把教育当做诗呢？

让你的学生喘口气，好吗？

第四辑　尊重常识

教育的一个特征：慢

虽然我记不住你的名字

“你已经是你了”

老师，你最看重的是什么

“苦读”没意思

“全读懂”没必要

我可以读你的作文吗

做有脑袋的兵

教师不是导演

需要有“劳动”这门课

炸土豆条是哪里来的

仪态风范应从小培养

教师自己要做合格的家长

对一位家长的批评

教育所做的一切不过是常识

教育的一个特征：慢

听说你提出把骨干教师发展的培养周期延长三年，我觉得这是比较客观的。指望一名教师三年就成“骨干”，五年就成“学科带头人”，可能并不现实。在教师培养方面不可能求快，教育教学方面也不能违背客观规律。

现在,很多老师在工作一二十年后,开始注意到:教育的特征是“慢”,教育是“慢”的事业。“慢教育”的概念已被更多的人接受了。

然而，不是每个从事教育的人都能正确地认识这个“慢”的。20世纪50年代，国民经济建设曾提出“多快好省”和“大跃进”，无视现实，违背规律，造成一场大灾难，民族大伤元气。到20世纪80年代，又有过一个短暂的“大干快上”(被称作“洋冒进”)，也吃了不少苦头，所幸没饿死人。教育上的冒进也不止一次，特别是近十年，由于“教育产业化”,学校衙门化,浮躁之风甚炽,动辄便是“一年投入,两年见效,三年报成果”。

教育是“慢”的事业，它的特征最像农业和林业，不能依赖“硬件设备”，不能强调资金投入，不能指望加班加点，不能靠使用生长激素。植物有自己的生长规律，有自身的生长周期，种植者要注意大气候小气候，要注意环境——也就是说天时、地利一样不能少，光有干劲不行，至于一亩地能收获多少粮食，更是吹不得的。

教师没有必要，也没有可能把学生一生要做的事全弄到初中三年或是高中三年中来完成。我看到一些学校的育人口号，感到有必要澄清一些误解。这些口号不但空洞无物，大而不当，而且往往违背常识。我不一一列举了，读者去看各校大门旁的铜牌，大楼上的标语，招生宣传材料上的口号，报刊的吹嘘报道，等等，到处可见虚假浮躁之风。

就从这个口号说起吧：对高中三年的教学任务，有学校提出："第一年，学走路；第二年，奔跑；第三年，做领跑的人。"——这意思是不是说，两年多的时间，他们可以把一个不会走路的人培养成"领袖人物"？此前他不会走路？而此后他就只负责"领跑"？如果每个人都做"领跑的人"，他们"领"谁去跑呢？提出这样的口号，是不是太浅薄了？用这种违背常识的口号去诠释基础教育，必定贻笑大方。

他们为什么会认为人一生中只接受这三年的教育？为什么没有想到学生此前已经接受了九年义务教育？为什么没想到他在高中之后还要接受高等教育？为什么没想到人的一生需要不断地接受教育？——过早地给学生设定终身教育目标，脱离了实际，也是不尊重人的做法。

不能仅仅为提一个炫目的标新立异的宣传口号，就违背基本的教育常识，违背教育教学的基本规律。更令我担心的是：因为教育者的一切行为都在影响学生的思维，这类践踏常识的行为会不会影响学生的思维和判断，让他以为在中国，一位教育工作者也可以像推销商做广告一样夸大其词，不负责任？

教育的"慢"是客观规律，必须遵守，不能绕过去。就拿上课来说，教师能一跃十步吗？观察一些教师的教学，就像是在拼命赶路，总是急匆匆的。

你为什么要那么急呢？你为什么总是恨不得把所有的知识一下子全塞给学生呢？你凭什么会认为学生离开学校就不再学习，永远不再涉足你执教的学科呢？同样，你没有必要，也没有可能把学生一生的学习任务全压在这三年完成。你看，学生已经很疲劳了，你仍然逼他加班加点，非得把三年的教学内容让他一口吞下，好像世界文明就要毁灭了，好像天底下的教师只剩下你一个，香火只剩你一炷，你不能让学科绝种，仿佛世上其他人全是一无所知的笨蛋……

语文、数学、外语三门大课，高中阶段各有五百多节，你为什么要把那么多的教学内容放在一节课上呢？这不过是你的一节课，你的这节课不是“最后的晚餐”，还会有下一节，还有一学年，还有大学阶段，还有终身学习的漫长岁月……你为什么总是要往学生脊背上压上沉重的担子？

20 世纪 80 年代，美国曾评选“儿童给成人的忠告”，一共十句，我只记住了第一句——“我的手很小，请不要往上面放太多的东西”。这里是不要“多”，我们中国化的理解是：放得也不能太“快”。放得太满了，学生的学习兴趣一下子就压垮了。有位高校教师曾撰文批评我对一篇初中新课文的解读，认为我讲浅了，很多重要的内涵没有挖掘出来。作为教科书的编者，我的考虑可能要比他慎重，他忘了一点：这是七年级上学期的教材，学生只有十二三岁。他还忘了：应当让学生自己去发现，而教师过度的解读或卖弄往往弄巧成拙。

我在教学中，接触过很多学习有困难的“问题学生”，当时并没有实质的转变，而这些学生成人后心智健康，很正常，有的成就很高。可是，在基础教育阶段，他们是什么时候丧失了学习兴趣的？他们为什么会丧失学习的兴趣？原因虽然比较复杂，但共同的一点，就是家长、教师对他们提出了不切实际的奋斗目标，而他们由于能力的限制，长时期精神疲惫，实在跑不动了，于是他们干脆坐下，再也不想站起来了。

无论是学校、教师，还是家庭，都不要揠苗助长，急于求成。

虽然我记不住你的名字

教过的学生多了，经常看着过去的学生而叫不出姓名，很尴尬。同事说，年纪大了，免不了会这样的。我把这事告诉以前的一位学生。他说，没事的，就说本校毕业的，认识你的学生可能有三千人，你不可能记住所有学生的姓名；你是老师，只要学生能记住你的话就行了。

他说得对。学生能记住老师的教诲，就是对教师工作最有价值的肯定。

临近退休，我认为自己和学生的关系是比较淡的。老话说“一日为师，终生为父”，是说要终生铭记教师的恩情。我认为，这种愿望是好的，但不现实，也没有必要。师生亲如一家未必有益于教育。我看过一些青年教师死记硬背学生的生日，他们很想让学生在生日那天都能收到老师的短信祝贺或是问候。动机很好，但我认为这样做可能多余。爱自己的学生，教会他们关注社会、关注民生、关心他人，培养仁爱之心，可能更为重要。教师的工作是培养人、培养公民，无论如何，不要把学生培养成“自己的孩子”。学生和教师一旦突破师生界限，成了所谓的“一家人”，对学生来说可能是很大的损失。学生需要的是一位教师，可是如果他得到的仅仅是一位朋友，一位父亲或是一位母亲，一位哥哥或一位姐姐，那么他接受教育的形式是不完整的。

学生年轻，难免有跌跌撞撞的时候，教师需要有宽广的胸襟。但有时有些事我不得不苛刻一些。我认识的学生中，有几位曾在考试中作弊，我至今无法忘记他们的姓名——而我是多么希望把他们忘记啊！然而没有办法，这也许是我无法逾越的一个障碍。我能容忍一名大学生的无知，但是无法容忍一位高中生作弊。那些作弊的同学为一己之私而敢于破坏公平公正，为个人虚荣损毁个人和集体的荣誉，不惜以身试法，这是对教师最大的伤害，是对教育的亵渎，也是缺乏自尊的表现。

所以，从教育的角度看，对基本伦理的尊重，对社会法则的尊重，对知识的尊重，对常识的尊重，对人的尊重，才是对教师教育的敬重。

按世俗的评价标准，我的一些学生成就可能不算高，他们是平凡的劳动者，本分的公民。他们通过诚实劳动，领取一份报酬，养活自己与家庭，他们善良而有爱心，不做有损于社会与他人的事。我因此而感到自己的工作是有意义的。

“你已经是你了”

学生成人仪式上，有位同学激动地说：“老师，你以后可别忘了我呀！”我说：“当然忘不了你。”这位学生说：“为什么？”我说：“因为你已经是你了。”这位学生律己甚严，对同学则很大度，追求时尚却从不过分，每次作文都自出机杼。像这样个性鲜明、有独立意志的学生，每一届都有，但不太多。

我的记忆力的确不大行了。七八年前教过的学生站到面前，却经常记不起他们的姓名，这种事也有过。为什么会这样健忘？除了年老记忆衰退的因素，还有哪些原因？我发现，这些我叫不出姓名的学生一般不主动和教师沟通，在课堂上也缺乏自我表达的激情，他们与人相处一般比较“淡”，我也很难记得他们说话的特征。没有什么个性的人，很难给别人留下什么印象。

这也就让我反思自己的工作。我们的教育是否保护或发展了学生的个性？1987年，有位担任学生处主任的教师在辞职后问：我主管学生工作期间最重要的成绩是什么？我说，是开始懂得保护学生的个性。他说：有些人恰恰认为这是我的失误；他们总是说“既要”“也要”，好像什么都强调了，仿佛也重视了，其实重心在一边，他们只想让学生循规蹈矩，把学校当做工业生产线。

反思多年来的教育，我注意到这样一个事实：教育的失败，在于学校没有培养和保护学生的创造才能和学习个性，不注意培养学生克服困难的能力，学生走上社会后，很快地消失在为生存而挣扎的芸芸众生当中。他们所学到的东西，只能让他们谋到一个职业，在城市维持“比较体面”的生活（或者随着社会的进步，生活水平一点点地提高）。他们在一个空喊“卓越”的学习环境里，苦苦追求的不过是高考的“名校”或“重点大学”，而不是追求成为一个有创造力的“我”。

有意思的，是那些勉强通过现行教育评价，甚至被现行教育体制所淘汰的人，却在大众艰难挣扎的社会高高飞翔。以他们独特的创造才能，往往无法适应要求“全面发展”的高考制度，因为社会还没能建立一种能让他们脱颖而出的人才机制，他们还不大可能有像比尔·盖茨那样展示创造才能的机会，但即使这样，生活也没有把他们压垮。名校里经常有些不起眼的、不为教师所重视的学生，毕业多年后取得令人瞩目的成就，或是凭着很强的生存能力，在不断出现的困难面前表现出超越一般人的坚韧。倒是在中学阶段深得教师青睐的一些学生，多年后，还会为着各种各样的困难来找教师倾诉，寻求解脱的途径。

我之所以对那位学生说“因为你已经是你了”，是看到她有个性，有自信，已经像个人一样地“立”起来了。

同样，我们不能不想的是：学生能记住我们一些什么呢？我看未必是“茴香豆的‘茴’有四种写法”之类。如果我们都和孔乙己一样热衷于告诉孩子一个字有多种读音、多种写法、多种义项，那教师至多是摆在学生面前的一个知识仓库。作为“仓库型”的教师，在当今的教育中作用是很有限的，不久之后也该退出历史舞台了。学生需要在学习中获得思维的方法，培养批判和怀疑的精神，培养创造的意识。在这一阶段，他需要向几十位这样的教师学习。那些有创造性人格的成功者，无一不是富有想象力，有探索精神的人，也就是说，他很可能在青少年时代，就接触到了富有想象力，富有创造精神和探索精神的教师。如果把基础教育阶段学生的学习任务仅仅定位于凭简单识记、“做题”以及善于考试（指目前的考试模式）的目标上，学生在这一阶段很难获得应有的能力发展，他们在继续学习和今后的工作中，将不可避免地走向平庸。

当然，我们不能不看到，开展素质教育和创新教育之所以困难重重，核心的问题，在于相当数量的教师教育观念比较落后，而落后的教育观念的形成基础，又在于教师自身的专业素质和创造意识不够。教师在本学科中，能不能成为教学能手，进一步，能不能成为思想者，能不能成为实践家，将决定他所教的学生在未来成为什么样的人。

我们的教育失败之处很多，没能把保护和发展学生的个性作为教育的重要任务，也是其一。

老师，你最看重的是什么

十几年前的几位学生来访，多年不见，他们现在已经做了父母。

谈话间提到某位学生，看见我努力回忆的样子，有位学生提醒："老师，你不记得了？她的成绩非常好，那一年高考她是全市第三名。"可是我的确想不起来了。

"老师，你记得吗，我们那一届，谁的成绩最好？"

"记不得了。"我真的没记住。

"那你记得哪一个学习最困难？"

"说不上来，有困难的好像不少。"我说的是常态，几乎每一届都有类似情况。

一小时后，那位"全市第三名"也来了。我终于想起来了。这是位品格很好的学生，我想起她在学校的腼腆，但我仍然没有把那个"全市第三名"和她联系起来。于是学生们发感慨，说，老师比我们想的还要不同。你当年不以成绩评论学生，我们原以为你是为了保护我们的面子，把学生长短放在肚里；现在看，你是真的没在意。

这样的话说得也许不太准确，我未必没有把"学生长短"放在心里。教师和学生，位置有差异，存在"教"和"学"的关系，但从根本上说，是人与人的关系，这也是基本常识。教师能记住这一点非常重要。对自己的学生，一位教师关注什么，不在意什么，什么记住了，什么没记住，从职业角度观察，好像没有定规。学生们说，他们希望教师不以成绩论人，早在当年，他们就看出同为教师，做法不太一样。

我没法回忆十几年前在这个班具体的教学经历，我也未必能一一记得这个班的学生。印象中学生们希望能和我说上几句话，我也喜欢学生主动找我说话。我不是班主任，只是在他们班兼课，和学生接触不是很多。这个班学生都很有礼貌，教养比较好，三年中班上没有什么违纪事件。

学生们问我，当年对学习成绩不好的学生如何看。我说，我从没把自己的做法归结为“同情”“照顾面子”或是简单地解释为“维护学生自尊”。起先或许有这样的因素，随着对“教育”理解的加深，我在工作中逐渐认识到，重要的是我们对“人”的认识，对“学习”的认识。学生在学校学习，接触新的知识，每个人的接受能力和认知能力不一样，用同一种考试标准，当然会有差距。学生在校通过学习获取能力，他在以后的岁月中要持续地发展这种能力，仅仅用几次考试的成绩衡量学生，是不准确的，也是没有必要的。

当年我注意到这样的现象，一些学生学习比较吃力，考试成绩往往也就七十来分，连续几个学期都因为某一科的“平时成绩”达不到 80 分而评不上“三好生”。但是这些学生人格健全，懂得生活，他们会在某个你想不到的时候展现出特有的经验或智慧，而他（她）的这种特别之处有可能是大部分学生难以具备的。

比如，有位学生学科考试成绩一般，为人低调，直到我偶然发现他的辨音力超人，乐感极好，才知道他的钢琴演奏颇有名气，而且纯粹出于热爱。这也许只是特例。更多的是因为学生的品格突出，正直勇敢，善于独立思考。在一些学校，在学生中有威信的未必是高分学生，往往是爱好体育运动的，或是社会活动能力强的学生。而成绩好的学生最遭诟病的缺点，经常是“自私”“不顾别人”等等，多年来一直是这样。当然，原因也不言而喻。

当年的这群学生凭着诚实的分数上了大学，以同样的诚实品格结束大学学习，在社会上找到安身立命的工作，用诚实劳动养活自己。他们说，在这些年月里，也曾见到巧取豪夺，也曾面对不义之财，虽然没有能力抗争，但是能努力守住清白，抵御诱惑。

学校教育为人的终身发展奠定人格基础。——短暂的聚会后，夜已经很深了，我记下学生们的话，也记下自己的感怀。一位教师，他在对学生的教育中最看重什么，他就有可能在未来收获什么。

“苦读”没意思

我做教师多年，每次给学生写评语或是推荐信，最不愿意写的短语就是所谓“刻苦学习”。但是很多家长却特别在意评价中有没有这个“刻苦学习”，好像不写上这一句他的孩子品格就有缺陷似的。可是我一向反对“刻苦学习”，反对“发愤读书”，更不用说什么“头悬梁，锥刺股”“囊萤映雪”之类。看从古到今有关读书学习的种种说教，我终于有所发现：原来我们中国科学技术与经济的落后，乃至于文化文明的落后，很可能与中国人把读书学习当做苦事有关。因为读书被当成了苦事，人们也就耽于玩乐，怕动脑筋，久而久之，愚昧落后的种子扎进灵魂深处。不知读者是否同意我这种推测。

功利的读书，也和“苦读”意识有关。因为读书被当做苦事，所以只能以利诱之。古代“读读读，书中自有黄金屋；读读读，书中自有千钟粟；读读读，书中自有颜如玉。”名利之外，还有色诱，全被作为交换的筹码，如果再和“学而优则仕”或“仕而优则学”的“发展观”相结合，则读书不辍，有如十项全能，在社会上可以立于不败之地。于是始有苦读之徒，上演“悬梁刺股”“囊萤映雪”的活剧，不是把读书当做血淋淋的广告把戏，就是把它弄成了呆里巴几的时尚演出。

我自己从来没有“苦读”过，我也一向反对把读书当做苦事。我读书，是因为喜欢；而正因为喜欢，也就根本不存在所谓的“苦”。我认为如果视勤读为“苦”，那简直是对书的侮辱，对学习的侮辱。我对这本书有兴趣，可以废寝忘食，废寝忘食是因为心中有乐，而非衣食不继或是精神失常。我十岁时一天看完十几万字的长篇小说，看完后发高烧。家人以为我是为了及时归还图书馆，抢着读完，劳累过度；其实不然，我只是太想知道人物的命运，太想知道后来发生了什么，与“苦读”全然无关。在我看来，如果把读书学习当做苦事，肯定学不好。我自幼至今，没有“苦读”的经历，我总把有书读当做是幸运的事，有趣的事。特别是在农村插队期间，有时无意间得到一本破书，干活时我就盼着太阳能早点落山，那样收工后就可以在油灯下多读上几页。

因为有着对知识的渴望，因为太想知道事物的究竟，因为想要得到授业解惑，因而凭着自己的兴趣选择了喜欢读的书，这些，都是你想要的东西，求仁得仁，何苦之有？

钱理群教授在回忆自己读书生活时说：“做任何事，刻苦的结语常常是两个字：及格；兴趣的结语常常也是两个字：出色。”这也是每位教师都应当记住的教育常识。

“全读懂”没必要

你来信叹息“有些书没法全读懂”，我看到这里笑起来，我以前也曾这样怀疑过自己的阅读能力。

读书的最高境界是什么？如果在一个圈子里已经没有人可与你论辩了，读书已经读得寂寞，无人可以交流了，只能在书中寻找知音、寻找心灵安慰，只能和作者对话了，可谓读书高士。至于我等凡人阅读，往往只为明理，特别期待的是“读懂了”，把有所感悟作为读书的愉快。

正因为有这个“读懂”与否的分野，“没读懂”“读不懂”往往就让人自认为无效、失败，有损自信。经常有同行悄悄打探：“这本书你能读懂？”“这本书到底说的是什么？”待我大声告诉他“我没读懂”“我不明白作者到底在说什么”时，对方乃大喜，仿佛找到知音，又恢复了读书的自信。这是因为他的能力可能还没达到读懂这本书的火候，或是被作者的文句绕得百思不得其妙，又不敢示人，兀自苦恼。

这个世界上，没有谁能阅尽各科知识；即使是本专业的书籍，一个人也不大可能在中年之前浏览一空。每个人一生读的书只能如沧海一粟，所以读者先得有“我们的知识是有限的”那样的思想准备，然后要知道并非每本书的内容都要全面理解和把握。而蜂采百花，还需要酿蜜的过程。如果全盘吸纳，读书如鲸吞，读书的乐趣也就没有了。

“懂”与“不懂”之间，是读书最有意思的境界。全都读懂了，一览无遗，那可能只能说明这本书内容浅薄；而完全不懂，那有可能是你选错了书，或者是把今后才能读懂的书搬到今天提前读了。唯有“懂”与“不懂”之间，有学习的空间与动力，在阅读中一点点地感悟，或是如梦方醒，才算得上是一种乐趣。

特别是那些影响了人类几个世纪甚或千年的经典作品，是要用一生去读的，这类书籍滋养人的一生，只能在阅读中一点点地、不断地有所收获，欲速则不达。而跟着电视讲坛走，热衷于去读人家的“品”，人家的“心得”，犹如吞嚼别人嘴里吐出的东西，很难有读书的乐趣。即使一知半解，以为“懂”了，靠的是人家，自己的思维仍然没有多大的长进。

经典作品的常读常新，也就在于一时不可能“全读懂”。且说一部《西游记》，七八岁的孩子看《西游记》连环画，只看到孙猴子七十二变，打得好玩，变得热闹；到了二十来岁，很可能会觉得《西游记》破绽百出，没意思；及至中年以后读书多了，有了一定的学养，可能会觉得一部《西游记》疑团重重，作者似乎在影射什么，猛然想到妖魔鬼怪个个有来头，几乎全是“御前”“殿上”的物件，最终有可能会想到明代社会真是混乱糟糕……而如果七八岁的娃娃就能读懂《西游记》，这个《西游记》还能算得上经典名著吗？

再说，“课本无非是个例子”，用其所用，如果日日在那里爬罗剔抉，“句句落实”，真的有必要吗？

我现在就经常读那些无法全部读懂的书，而且经常把这样的感觉告诉学生。

我可以读你的作文吗

四年前，有个语文教学跨省交流会，邀我参加。那次交流的主题是考察“网络作文教学”，我听了几节课，感到不太适应。据主办学校介绍：全校所有班级所有学生的所有作文，你想看哪一篇就能看到哪一篇，想写段评语也可以。我对此很惊讶。该校一位教师现场演示给我看，很快就调出了某年级某班某学生的全部作文。我问：“这位学生知道吗？”“不一定知道。”我问：“他会同意我们看他的作文吗？”教师奇怪地反问：“他为什么会不同意呢？”“那么同学之间也可以互相看吗？”“可以，每个人都可以看全校任何一个同学的任何一篇作文。”

第二天，大会轮值主席盛情邀请我发言。我不敢说话，因为我没有把握，我还是没有想明白：是不是每个学生都愿意公开自己的作文？但是大家一鼓掌，我只好说了。我不能隐瞒自己的观点，在场的许多老师都是朋友，我更要说实话。我说，学生已是高中生，他们的写作有私密性，未必愿意公开；像这样不经作者同意，就将作者的全部作文放在网络上，任人评说，有可能给学生带来不安；作为学校，要培养学生的权利意识，在这些方面，能否更慎重一些，等等。

教师们对我的发言似乎不太理解，他们好像没有来得及考虑这个问题，也许有些同行不认为这是个问题，大家关心的是网络作文管理技术如何进一步普及的问题。只有一位教师发言对我激烈批评，他说得最猛的一句是：“没想到进入21世纪了，教育界还有这么落后的人！”当时全场大笑不止，我也笑了。主席善意地告诉我，可以再次发言，反批评；我笑着谢绝了。这种事，时间隔长一些，可能会看得清楚一些。

我为什么特别在意学生的这种权利？

写作不同于一般作业，它是一种比较特殊的心灵活动。学生的作文，往往是在与教师对话，这也是为什么许多老教师特别重视学生写作内容的原因。通过作文，教师可以了解学生的内心世界，了解他的生活状态，了解他的快乐与忧伤，了解他的失望与期待。总之，一个能取得学生信任的教师，他在作文批阅过程中，是在与一个个具体的学生对话。这种对话有时也是带有私密性的。学生信任教师，他可能会无保留地把心里话都放在作文中，他们对教师不设防，作文中甚至常有些私隐。他的倾诉者是一个人——教师；如果知道要面对全班同学，他很可能会呈现另一些内容。

常有学生在作文中倾诉自己的不幸（亲人病重，去世；家庭矛盾，父母离异；等等）；暗示我，他（或她）在恋爱，很想知道教师的态度；诉说学习生活中的困惑，等等。这些作文，是学生写给所信任的教师看的。情郁于中，需要有个渠道宣泄，他会发现作文是比较好的方式。我认为教师要对得起这样的尊重。所以，我一般不愿意在办公室向同事介绍学生这方面的作文，除非学生作文中的问题的确需要大家商讨。

我很喜爱苏联儿童作家阿列克辛的小说。他的作品中有一篇很有名，叫做“最有意义的一天”。“我”极为成功地调解了父母之间的一次矛盾，让多日不说话的父母言归于好，这是他假期中最有意义的一天。但是在叙述了这个故事之后，“我”告诉读者，写作文时，他不愿意把这件事说出来，写的是一年前参观博物馆的事。——有时候，我们很奇怪，学生的写作为什么放弃了精彩的生活，其实很可能是学生对能否公开自己的内心世界没把握。

讲评作文，总要读几篇学生习作。过去，想读谁的就读谁的，读也就读了。但我认为，这种公开性强的教学活动，对学生应当作正面引导，尽可能不要读内容涉及个人心灵而又不太成功的作文，不要让那些学生难堪，要保护学生的自尊，以发展他们的自信。有经验的教师都会明白，我们有很多方法可以帮助学生纠正写作上的毛病，没有必要拿一个具体学生的写作弱点举例；提高写作水平绝非一天两天的事，学生写作水平不高，他自己也会很焦急，如果教师公开了学生低水平的作文，却又拿不出个有效的指导意见，这个学生有可能更加畏惧写作。

当然，也许有人会说：学生的任务就是学习，学校就是让学生犯错误的地方，就是不能怕出丑出错。

但我愿意说，写作有特殊性，毕竟，它反映的是人的心灵世界。作为教师，你在生活中是不是会随意向别人诉说自己的私事呢？南京有个电视访谈节目叫“有请当事人”，我看了之后很震惊：这个节目好像主要是调解家庭纠纷（夫妻争吵、兄弟反目、恋人分手、子女不肯赡养老人，等等），在主持人的“调解”下，当事人对着摄像机争辩。——也就是说，这个节目满足了中国人爱看热闹和“评理”的习惯，把发生在家庭内部的各种冲突全都公开化，用现代传播手段现场直播。据说该节目收视率极高，而节目播出后多数当事人很后悔。——如果他们有较强的权利意识，是不会接受这种“公开展示”“上电视”的机会的。教会学生尊重自己的权利，保护自己的尊严，也许应当是我们语文教育中“人文性”的任务。

四十多年前，我在读初三时，语文教师曾把我写的说明文抄成大字报展示，展示的目的并非因为我写得好或不好，而是我在代拟“图书馆借书规则”时写了“每人每次可以借书 20 本”，教师遂在分析时当做笑料挖苦，因为当时图书馆规定每个学生只能借一本书。其实，能多借一些书是每个学生的愿望。虽然大家一笑了之，但那节课让我很不舒服。以后，我在作文中不大愿意写自己的真实想法，免得惹麻烦。后来，我自己当教师，才对当年教师的那种做法作了有效的思考。随意地干预学生写作，随意地讲评学生作文，有可能给学生心灵和他的写作造成负面影响。

讲评作文时，需要读学生的作文，这时，你能不能先问一句：“我可以读你的作文吗？”或者“你的作文很有意思，你愿意让全班同学分享吗？”——这些话很重要。不要让学生认为教师可以随意做任何事，认为教师可以忽视他的存在。尊重每一位学生，同时暗示他们，要尊重自己的权利。我们从事的是教育，这些细节很重要。

也许，正因为有这样的尊重，学生写作的内容反而比以前自由开放，因为他知道自己生活在一个安全的环境中，他的权利会得到尊重。

做有脑袋的兵

我对向学生灌输“成功”意识和所谓的“鸿鹄之志”一向持谨慎态度，这也曾引起一些同行的不解。现在“励志名言”太多，在学校的橱窗、走廊、教室，到处都能看到这样的标语口号，学生每天耳濡目染其间，思维也常常为这样的标语口号取代。

其实，常用的一些名言，往往违背常识，经不起有脑袋的人思考。很多名言，脱离了情境，在流行中完全走样。

校园的墙上镌着“嚼得菜根，做得大事”，学生在作文中，在周记中，在一切有文字的地方，习惯性地引用。引用得太多太滥，也就烦人了。我对高三的学生说，你们说了两年多的“嚼得菜根，做得大事”，我一直期待你们能有自己的感悟或者发现，不知道你们有什么可以告诉我的。大多数学生表情木然，有的摇头苦笑。只有几个学生说了一些话。有的说：“我根本不知道什么事才算得上‘大事’。”有的说：“中国历史上嚼菜根者比肉食者多得多，是不是都能做成‘大事’？”有的说：“现在的我们，能做做小事也没什么不好，何必一窝蜂地都去做‘大事’？”还有人说：“这句话不过是‘吃得苦中苦，方为人上人’的另一个版本。”——我觉得，在一个班能教出几个这样的学生，也还不错。

世所谓“不想当将军的士兵不是好士兵”，其实凭“想不想当将军”来判定一名士兵的素质，未必有道理。我们中国，自古以来，将军之所以成为将军，多是因为“一将功成万骨枯”；还有世袭的，捐班的，招安的，当然，还有靠行贿的，吹牛拍马的，因而不足为训。我想，士兵也者，将军也者，有勇气有头脑才是关键。接受了教育，人的素养提高了，就会有自己的选择，宁可当个有头脑的兵，也不去当没头脑的将军；而举目四望，但凡有自己脑袋同时也尊重他人脑袋的，又未必只想做将军。

同行说起几个学习能力较差的学生，因为家里的关系进了所谓的名校，他们从来不认真学习，却总表示要“做大事”。有位学生在作文中明确表示以后要想办法做某厅的“正厅长”，因为他发现父亲做“副厅”权力并不大；他进一步解释，说，“只要有了权，什么事都可以搞定”。——遇上这种学生，教师很难指望他的教育能有什么启蒙作用。因为有这种家庭教育背景的学生一般不重视学校的教育规训，至少在这一阶段，教师的作用很有限。对学生这种权力崇拜心理，作为教师，应当找出原因来。我们不能发展那种让学生做奴才的教育，也不能发展让学生做奴役他人的野心家的教育。

爱因斯坦在说到“成功”时曾告诫教育者：“人们应当防止向青年人鼓吹那种以习俗意义上的成功作为人生的目标。因为一个获得成功的人，从他的同胞那里所取得的，总是无可比拟地超过他对他们所作的贡献。然而看一个人的价值，应当看他贡献什么，而不应当看他取得什么。”——也许我们当今的教育者恰恰忘了这样的常识。

有那么一天，学生遇到什么问题都肯动脑筋去思考了，引用这些名言时能有自己的分析了，学习的基本目的也就达到了。

教师不是导演

听一名校长作报告，也许是准备不够充分，也许是缺少课堂教学的经历，在谈到“研究性教与学”时，报告人认为中学一定要搞研究性学习，“因为‘研究性学习’是国家提出的”。——这个论据错了。培养学生研究性学习的能力是教育发展的既定目标，也是教学的任务，它适应了社会的发展以及时代对教育教学的要求，并将使教育发生深刻的变化，而不在于它是“国家提出的”。因为“国家”也会犯错误。此前教育发展中遇到的许多麻烦，走过的许多弯路，往往也是因为“国家错了”。

报告人接着谈教师在研究性教学中的“角色”。他认为：在研究性学习中，“教师是导演，学生是演员；教师是教练员，学生是运动员”。这样的话让我感到意外，散会后和一些同行核对笔记，我的记录没错。可是他们反问我：“这个问题重要吗？”

当然重要。

这种说法违反了教育教学常识。教育教学不是演戏，大概可以算是“基本常识”了。课改已发展到“研究性学习”的层面了，怎么还把学生当“演员”呢？众所周知，演员必须按照导演的意图表演，导演必须遵照编剧的意图演绎作品，其间即使有一些自己的创造，也很有限，何况“研究性学习”是发展个人思维品质的过程，怎么可以让学生充当教师指挥下的“演员”呢？课改提出的主张是“自主、合作、探究”，学生是学习的主动者，非但不可能充当教师指挥下的表演者，更不能充当皮影或木偶。同样，学生也不同于教练员按一定程序指导训练的运动员，教练员有训练计划，但无论这个计划方案是多么正确，它靠的也仅仅是

“训”和“练”，而教育教学面对的是一个个活生生的有思维个性的人。学生的学习不等同于体育比赛，学习是为了完善自我，要运用和发展个人的智慧，而不是为了锦标。

因此，“教师是导演，学生是演员；教师是教练员，学生是运动员”的说法不仅违背了课改理念，不符合教育的基本原理，也会让教师和学生在这样的指导下陷入迷惑。

不仅在研究性学习中，在其他形式的学习活动中，教师都是课堂的组织者和引导者，学生则是学习者和探求者，师生平等地相处于同一个场所，就共同的问题展开探究，并在过程中学会评价。只不过教师要在这一过程中引导学生围绕有价值的问题探求和研究，他需要提出一些核心问题，同时，在过程中他要调动学生的兴趣，关注他们的思维发展，他还要考虑对学生的评价；学生在这一过程中主动学习，并逐步培养创造意识。

“教师是导演，学生是演员”，这是一种多么古怪落后的教育观啊！听到这样的言论，让我对课改的形势感到有些悲观，教育界竟然还有如此假冒伪劣的“专家”，而对这种缺乏教育道德的言论无动于衷，则说明教师的教育观有可能被引入歧路。中国社会对教育的期望一直很高，中国的发展也需要有高质量的基础教育，而环视教育界内部，竟然还存在着种种芜杂观念和落后现象，年轻的同行们对此一定要有正确的认识，因为教育改革的希望在你们身上了。

需要有“劳动”这门课

我们的教学中是否有“劳动”这样的词语？我们是怎样向学生表述“劳动”的？劳动，应当是个重要的教育命题，其重要性绝对不亚于“生命”“信仰”和“爱情”。

我问过一些学生：你们在家劳动吗？回答是：当然劳动；我们洗过碗，叠被子，到超市买东西。听他们理直气壮地回答，仿佛能这样就很不错了。问来自农村的大学毕业生：在家时下地干活吗？这些即将成为教师的青年一脸困惑：“我们读高中时间很紧，家里不让下地干活。”虽然生活在乡村，但他们对农业劳动几乎一无所知。同样，一些从小生活在城市的教师不辨稻麦，他们对农村的印象就是田园风光或是“农家一日游”，就更不足怪了。

以前校园有“卫生包干区”，每个班有规定的一块，负责清扫，学生轮流值日。好像十多年前，就只清扫教室了，“卫生包干区”成了历史名词。现在对青年教师说这件事，需要作些解释。多数学校的卫生，都包给了民工。

昨天，在路上遇到退休的原校党委副书记，想起他的事。当年每天清早，他拿着大扫帚，和工人一同扫地。下大雪时，每次都能看到他在校园扫雪。我们习以为常，一些教师也和他一同扫。当时教师和工人一同扫地是很正常的事，那么大的校园，靠几名工人根本扫不完。这种教师和工人一同扫地的习惯与“文革”风气无关。“文革”中一些学校风气坏了，许多政治积极分子爱坐办公室，根本不劳动；“劳动”同“改造”是联系在一起的。不过，对那位副书记每天和工人一同扫地，确有干部表示过不同意见，可能是副书记的扫地习惯让他们难堪了，于是放话出来，说“要注意自己的身份、职责”。

在学校里，有必要把扫地这样的“劳动职责”分得那么清楚吗？学校是育人场所，教师在校的一切行为对学生都是教育，包括必要的体力劳动。学校必须教会学生懂得敬重劳动、敬重劳动者，而不是鄙视劳动、引导他们成为所谓的“人上人”。看到教师不尊重劳动，不尊重体力劳动者，真正的教育者一定会感到不解。

现今有些现象很奇怪：按过去的“阶级成分论”的分法，同事或学生中，有些人家庭生活优裕，属于“剥削阶级”，可是那些人的劳动意识往往并不差；奇怪的是那些出身“劳动人民阶层”的，往往极端厌恶体力劳动。对此我至今无法为之找到合乎情理的解释。

20 世纪 60 年代初，我读中学，学校每学期组织学生去农村劳动，收麦子、车水抗旱，我都干过。“文革”中，我插队当农民，更知道农业劳动的艰辛。在那些年里，我了解了农民的困苦状况，看到了社会的不合理。可以说，我真正了解中国社会，是从接触农民的贫苦生活和艰苦劳动开始的。最实用的生存法则和经济学可谓“发于畎亩”。我至今记得农民在田头，或在油灯下的诉说，那些简单朴实的话语深刻准确地道明了中国社会问题的本质。

如今在城市，几乎所有的体力劳动都由进城的农民承担，这使“城里人”更加厌弃体力劳动。“苦力”这样的词不知不觉地又出现了。现在，学生很少有体力劳动，许多教师也没有经过体力劳动的锻炼，体力劳动在一些教师和家长眼中，竟然成为耻辱的事。20 世纪 50 年代，南京城里人批评孩子读书不上进，总会说“你不好好读书，以后只能拉板车”。这样的意识在家庭教育中一以贯之。今天，宣扬“主流的”意识形态以及代表先进文化的传媒总是不经意地在宣传巧取豪夺，而很少郑重其事地肯定“拉板车”是一种诚实的劳动。

在邻国日本，学校仍有“劳动课”，中小学生要到田野里，在农民的指导下从事一些力所能及的劳动，了解土地的知识。作为向工业化社会前进的农业大国，中国的孩子需要了解土地，需要了解农业劳动。学校应当向学生灌输劳动的意识，这可不是上几节家政课和学习简单的家电修理技能就能替代的。

炸土豆条是哪里来的

“炸土豆条是哪里来的？”这是德国一家幼儿园中班的“专题活动”。我的学生杨君旅居德国，她5岁的孩子在这所幼儿园，参加了这次活动。

生活在城市的孩子都没有见过种土豆，在回答问题时，有些孩子说炸土豆条是从商店买的，有的说是妈妈端上来的，总之，答案五花八门。幼儿园教师设计了这个活动，就带着孩子们开始了“探究”。在春天，农民开着车把这群四五岁的孩子拉到农庄。在那里，教师带孩子们参观土豆地，看农民种植土豆。孩子们参加了劳动，也种下一株土豆。在这株土豆旁，还插上写有自己姓名的小牌子。夏天到了，孩子们再次来到农庄，找到自己种下的那株土豆，拔草，松土。秋天，孩子们在老师的带领下来到农庄，看农民是怎样收获土豆的。然后，孩子们在农民的指导下也挖出了自己种的土豆。拖拉机把收获的土豆运回了幼儿园。在幼儿园的厨房里，孩子们和老师一同炸出了土豆条。他们终于弄清了：炸土豆条就是这样来的。

全部活动过程有四五个月。在这几个月里，孩子们也在等待答案。而他们的经历也许一生都忘不了。土豆条是这样来到了餐盘，那么牛奶呢？面包呢？苹果呢？都是一样的道理啊。

关于劳动，国外有很多有趣快捷的了解方式。2007年夏，我去美国探亲，在宾州哈里斯堡参观了“好时”巧克力工厂。在热烈欢快的歌曲声中，游览车载着游客沿着参观线路穿过工厂，借助实物、动画、图片和生产线，从采可可，给奶牛挤奶，一直到把巧克力装箱，全部看完，大概七八分钟。每一个场景都洋溢着劳动的快乐，在游览车的终点，几乎所有的参观者都在开怀地笑着，也许因为大家都弄清了“炸土豆条是哪里来的”。从那以后，我每拿起一块巧克力，眼前都会浮现那欢乐的劳动场景和繁忙的生产线，耳边还响着奶牛们的歌唱。如果有可能的话，真想建议孩子们都去看一看，他们喜爱的巧克力是如何从农民、工人的手上制造出来的。

更快捷的当然还有，全在书本上。中国的学生，特别是城市的学生，他们的绝大多数知识来自课堂，据说他们的“做题能力”是世界第一，可是他们对这个社会了解得太少太少。有一回问学生有没有参观过工厂，看过流水线作业，全班同学竟没有一人举手。

中国社会对农业劳动的轻视，使孩子对土地、对农村和农业了解得非常少，对农业劳动则有一种莫名的恐惧。十几年前，学生去农村“社会实践”，回校后，有些同学在作文中写了和猪合影的事。我很惊讶。学生说，有生以来吃了那么多猪肉，却是第一次见到活的猪，闻到了活猪的气味，听到了猪的叫唤，于是都觉得有必要和猪照张相。

有位老教师感慨地对我说，他小时候的玩具大多是自己动手做的，玩坏了自己修，从小会使用各种工具，甚至会制作工具。那时候，会做玩具、修玩具的孩子特别能干，只知道买玩具的肯定是少爷。现在的孩子不会做玩具，更不用说会制作工具了。你可以看到，凡是会利用工具的孩子，动手能力强，有创造意识，他们那双灵巧的手甚至还能画出大脑中的诗句。

现在很多学校，教孩子们立大志、考名校，这当然也不是不可以。可是，当学生成天热衷于“模拟联合国”“模拟世博会”，热衷于“辩论赛”和“演讲赛”的同时，他们不会扫地，学校里扫地一类最简单的劳动也全由雇佣的农民工完成。我见过这样的高中教室：全班五十多人，都穿得很鲜亮地坐在那里，可是教室地上没有一平方米是整洁的，教室后面散落着二三十个各式饮料瓶，污水发出臭味，肮脏到了令人无法忍受的地步。——如果教师在这样的教室里仍然能专注地上课，那是教育的耻辱。

不要让孩子们离开土地，更不要让他们厌恶体力劳动。因为学会劳动，人才会有一双灵巧的双手，人，就是在劳动中逐渐站立起来的。

仪态风范应从小培养

多年前，曾有位老教师告诉我，他的一位学生是才女，极有见地，可堪造就。可是我无意中发现，那位女生在校内有许多言行让教师感到难堪。比如，同学反映，她非常喜欢用刻薄的语言在背后议论教师，曾把所有教过她的女教师的衣着和神态挖苦了一遍；她经常在会议已经开始后才大模大样地走进会场，同时若无其事地放声和别人打招呼。当教师提醒她的时候，她没有任何羞愧神情，反而指责教师“没话找话，小题大做”。直到大学毕业，依然故我。很多教师每提起她都摇头叹息，说可惜了。

目前中国普通教育中有这样的惯例，除了残疾学生，学生在单独回答教师问题时都应当站立，这既是表示对人的尊重、培养礼貌，同时也是为了更有效地对话。有次听课时，我发现有个女生一直在叽叽咕咕地说话，她的同座根本没法听课。教师请她回答问题，她不站起来，坐在那里说一声“不会”；过了一会儿，她坐着向教师提问，教师不知道是谁在提问，没有回答；女生很不满，又叽叽咕咕地数落起来。事后我问那位教师是怎么回事。教师说，常有的事，缺乏教养。就说这个不肯站立发言的问题，不知道说了多少遍，效果有限。我觉得这实在不是小问题。

曾有班主任悄悄询问，该怎样提醒女生讲卫生。他班上有位女生每天早上不洗脸，蓬头垢面；不洗袜子，气味很大，同舍女生意见很大。可是因为她的考试成绩好，省级竞赛获奖，有些教师很赏识她，她也颇为自得。我告诉这位班主任：女孩十七八岁了，这些事还要别人提醒，可能已经没有什么办法了。因为住在集体宿舍，讲卫生是最起码的教养，她如此不在乎，只能说明她缺乏自尊。当然，这些不好的习惯在以后的生活中可能会逐步改变，因为她总不至于一星期不洗脸，也不至于一学期不洗袜子。然而要等她自己意识到这些，可能为时已晚。一个人的基本教养至少应当在高中阶段完成，也就是说，在青年时代他的性格修养是什么样，以后很可能就是什么样。等到他（或她）自己有了孩子时，这种精神或性格缺陷会有灾难性的后果。

看到听到的这些事，让我感到不安。为什么现在的学校不开设仪态教育课呢？

女性缺乏教养，危害比男性更甚。——希望女权主义者对我的话不要有太大的误会。在学校里，有经验的班主任经常说到，家长会上，教师往往愿意与做父亲的交流，一般情况下，做父亲的简单干脆。当年我做班主任，每次开家长会，按每人两三分钟谈话时间轮流和家长说话，有些做母亲的经常不顾一切地插队，轮到自己就自说自话，家长里短，炫耀孩子的成绩，随意褒贬教师，旁若无人；而她忘乎所以时，其他家长就闹将起来。记得那时每每开完家长会，我都累得不想吃饭。看到那些做母亲的自私而没有礼貌，我常为学生感到担忧，在那样的家庭中长大，不但难以走上社会，以后也很难承担起教育子女的任务。

我常想到，教师和家长如果能经常提醒学生注意仪态风度，这对他们的未来有着不可估量的作用。对一位学生而言，学业总还有发展的机会，特别是这个时代科技不断革新，人需要不断地学习；可是，人如果到了中年才想到要修身，才开始注意礼仪行止，往往会显得可笑做作，效果也不好，因为行为习惯是从小就该培养好的。

教师自己要做合格的家长

你来信问，教师应当怎样教育自己的子女。向我提这个问题的人不少，尤其像你这样初为人母的同行。

我觉得“灯下黑”，这是个很容易说清，却往往说不清的问题。

一名教师自己能成为合格的家长，他在从事教育工作时也就可以多一份经验。在学校，我看到教师们经常对家长有所劝诫，说得头头是道，可是自己在子女教育上却经常是失败的，这很让一些人想不通。可是如果我们不从职业素养角度去分析，而是从家长的共性去观察，从教育常识的角度去考察，也许一目了然。

由于教育界的“行规”和中国社会风气的影响，学校不能不照顾教职工子女的就学（这也算是改革开放后教育界的人情味），教师子女可以得到一般人没有的照顾，即使分数低于录取线，也可以在本校就读。同时，其他一些问题也随之出现。有些教师在学校把自己的孩子当特殊学生。比如，课间或是中午，教师的孩子到办公室来玩，喝点水，或者在这里用午餐，很正常。我曾对同事说，孩子上高小或是中学了，没重要的事最好不要让他们到办公室来。我在和一些同事讲这个问题时，个别同事有误会，问我是不是嫌孩子们吵闹。绝对不是的。我很喜欢和小孩子在一起玩，但是我也看到了教师子女过多在办公室活动的后果。我的考虑是：在教师活动的空间，一个孩子有可能知道许多他原本不需要知道或不该知道的东西；在这类场合，教师们往往不把这个孩子当做学生，彼此间谈话会很随便（甚至有些是“儿童不宜”的）。这些看似随意的交往让孩子和教师丧失了必要的距离感，在这里耳濡目染的一些事，很可能会使他失去对教师的敬重。在孩子眼里，所有的教师都是父母的同事或朋友，他甚至熟悉教师的家事；而过于关注教师的私人空间，有可能干扰他的学科学习。所以我并不主张教师让自己的孩子进办公室。有关这方面的教训其实很多，教师稍稍留意就能看出来。

你来信说已经意识到这个问题，那就要特别注意。有些是可以改变的。比如，让他自己到学生食堂用餐，不要让他跟你在一起接受教工食堂的优惠。——不要以为那样你就“吃亏”了，孩子受委屈了，如果孩子在读小学读初中时就想着“不吃亏”“受优待”，他以后很难正常地在社会上生存。

不要利用工作便利，到任课教师那里打听自己孩子的考试成绩；不要请熟悉的同事辅导他的功课，如果实在有必要，让孩子去校外找他不认识的教师。

如果你参加学科考试命题，无论如何不能让孩子接触考试的内容。如果你“放水”，让孩子多考十分八分，并没什么意思，可是如果你因此把他对规则的敬畏度降低了，则是把他的一生毁了，因为你破坏了他对社会准则的敬重，也就毁了他最基本的道德情感。

不要在孩子面前议论你的同事，哪怕你的同事做了很不堪的事也不要说，努力保持孩子对全部教育的敬重；同时，你要相信他有观察和思考的能力，能够自己作出正确的判断。更多的情况下，要启发孩子关注优秀教师身上值得学习的精神品格。

即使学校某些规定不合理，也不要在孩子面前议论，同时尽可能说服孩子不带头违反规则；如果孩子认为学校的某些规定或做法有需要改进之处，让他自己去找班主任、年级负责人去提，不要让他在背后议论。

尽可能不让自己的孩子享受学校给予的任何特权。

让孩子接受正常的教育，让他和同学们一样，对他的一生有好处。

对一位家长的批评

我们是第一次谈话。你刚刚知道我姓什么，话题一转，开始数落自己的儿子。他现在已经读高一，可你却从他小时候说起。你说他 7 岁时就说过谎，你说他 13 岁时改过成绩册，你还说他曾经在 14 岁模仿过你的签名，因为班主任要求家长给孩子的作业签字，他不想让你看到他的分数……

你的结论是，你的儿子有过许多坏习惯，不是个好学生，他的思想很危险。你把这些告诉我，好像是要我提高警惕，不要上他的当。你说了这 20 分钟话，没有一句是表扬孩子的；我从你刚才的讲话中，看到的是一个潜伏在学校里的可怕的人，以后将变得非常恐怖的孩子。你刚才还说，你的儿子已经不想考大学，他已经丧失了继续读书的兴趣。

你这次谈话的真正目的，可能是要我注意你的孩子，别让他学坏；而且，你一再强调：他的成绩还不行，没有达到前三名，以后上不了名牌大学……

我惊讶的是你不顾我的一再暗示，仍然当着其他学生家长的面数落自己的孩子。他们回家后会不会想：这个班怎么会有品格那么差的学生？

我原先对你孩子的印象是根据自己的判断，我喜欢他。今天被你这么一说，原来你的孩子如此糟糕，而且是那样的虚伪，欺骗了除了自己母亲以外的所有人！

在这将近一年的时间里，我发现了他身上的很多好习惯。他是个勤奋的人，他喜欢文史，他爱读书，他读的书可能是这个年龄段的学生中最多的；虽然他的学习还存在一定的问题，只要他能保持这样的学习兴趣，就一定能有所成就。

你刚才是怎么说的？你说自己没有好的工作，只能靠做苦工养活家庭。你又说，自己没有文化，没有教育能力；可是你刚才一直不停地说，你的语速也很快，你不顾这是家长会，有这么多家长在等你快点说完；你一口气就说了近20分钟，你还不愿别的家长打断你的话，虽然大家已经表现出不耐烦了。

我大概知道你孩子的苦恼了：在家里，你每天只要像对我说这番话似的对孩子来这么一遍，你的儿子早晚精神全面崩溃。你说实话，你在家里是不是也这样经常对他说许多话？（回答：有时候是这样的。）我怀疑不是“有时候”，很可能是每天，甚至是每时每刻，只要一有机会你就这样诉说，是吗？（回答：“不说怎么行呢？考不取大学，就要和我一样做苦工。”）

可是你每天这么说一遍就管用了吗？说多了他是不是就听了你的呢？（回答：“他不听我也要讲的。不讲不行。”）

你刚才说自己文化低，没读过书，可是你能连说20分钟不停，说得比我们老师还要“溜”，你把自己当成教师了，当做无所不通的教师了。我坦率地告诉你：你刚才说的孩子的各种毛病，我在和他的接触中从来没有发现。我认为他是个有学习潜力的学生，我也没有发现他有什么不良习惯。（回答：“他的确没有很大很坏的毛病。”）

既然没有很大很坏的毛病，你把他说得那样糟糕，又是什么意思呢？你是不是为了引起教师对你孩子的注意，能对他特别关照？

（回答：“我有这个意思……”）

好的。我现在再一次告诉你：你的孩子身上的毛病我找到了。刚刚开始谈话之前，我就问：你的孩子是不是有什么压力？你没有正面回答。我现在不用你回答了。我全明白了。

——你自己说缺乏教育能力，可是你又特别爱教训他；你每天的不断重复使他感到厌烦，感到活着没有意思。

——你总是抓住儿子以前犯过的一点错误不放，以为只有这样才能控制住他；而他却会认为你一生不原谅他，让他一直生活在羞耻中。

——从你现在的发展情况看，你这样坚持会有两种结果：第一，你的孩子开始厌学；第二，不排除他会有极端行为。

（问：“什么叫‘极端行为’？”）

就是不想活了。（答：“那肯定不会。他要敢寻死，我就先把他骂死。”）

我不怀疑你有这样的能力。

（问：“他以后能不能考取名牌大学？”）

那很可能取决于你能否把自身的缺点改掉；我怕的是他果真能读上名牌大学，还要没完没了地忍受你的责骂。当然，上了大学，可能不会再有哪个老师像我们这样对你说话了。

教育所做的一切不过是常识

大学毕业来当教师，走进中学，或是走进小学，你不能认为这是陌生的地方，你也没有必要说这项工作对你是什么“挑战”，因为小学和中学时代是你人生重要的经历，而且长达 12 年。你毕竟才 20 多岁，总不至于说“我把这个地方全忘了”“我记不得这个阶段要做的事了”。

即使你有些缺乏自信，对即将开始的工作担心力不能任，也不必感到恐惧。因为你所做的一切只要不违背常识，就不至于犯大的错误。比如，“爱护学生”，往深处研究，可以去做博士论文，也可以写出一本专著来，当今之世，你甚至有可能以此去建立某种理论。但是，如果认识到这不过是常识，它就不复杂。你把学生当做自己的弟弟妹妹——年长一些，也可以把学生当做儿子女儿——更简单一些，你只要懂得尊重一个普通人，你也就大概知道怎样爱护学生了。你就不至于随意侮辱学生，你就会在意他们的感受，你就不会对一个孩子大声呵斥，当然，你更不可能在一个孩子面前表演粗野，因为你平时就不至于那样做的。

有些事，的确是教育学教科书上没讲过的，教育法规条文上也没有具体地列出，有些甚至是出乎一般人预想的，可是只要从常识出发，遵守常识，教师也可以想得到。比如，校园的伤害事故时有发生，困扰教师的“校园安全”问题常常会让教师自己没有了安全感。社会文明程度不高，法规不健全，家长素质不一，对学生，一名教师要担负很多教学之外的责任，教师需要有母亲一样的细心。如果我们能以母亲的角度去观察，去预想，能防患于未然，也就可以不必那么紧张。比如，告诉学生，“在和同学说话时，先放下手上的铅笔”“在接饮用水时，先往杯子里倒一点点，试试水温”“进出教室门时慢一些，防止对面有人正准备关门开门”……教师向小学生说这些话时，是想到一名儿童可能发生的意外。只要养成了习惯，这些事也许永远不会发生，这就是依据常识的教育。教师以珍爱生命为教育常识，就会自觉地去考虑学生的安全，不仅在学校，也会在学生出现的一切地方关注学生的安全，并注意让他们养成习惯。

一名接受过师范教育的学生当真会对教学一无所知吗？我多次地听到青年教师埋怨“没有人带”“没有人告诉我该怎样做”“这件事领导没有交代”……如果每件事都要有条例规则，否则就无法工作，那是对公理和常识的漠视。同样，“有人带”“有人告诉”“这件事领导交代过”，也会出错。比如，为了迎接县市领导检查，在冬天或是盛夏，组织小学生停课列队等候欢迎，甚至让孩子们冒雨为领导汇报演出，依我看，这些大概都不是青年教师能自行“创造”出来的，而是学来的错误。这些，不仅违背教育常识，也违背了基本的伦理道德。

尊重常识，遵守常识，有时很难，需要勇气，需要作出一些牺牲，有时必须抗争，还得付出一些代价。我们经常看到，在现今的学校教育中，遵守常识往往被看做异端，违背常识反而理直气壮。比如，有些幼儿园办起了“奥数班”，不但办，而且能拿出一套套的理由来，甚至以人多势众挑战教育教学法规，这种违背规律的行为表现出的是落后的教育观，如果尊重儿童教育的常识，根本就不会有这样的事。又如，很多地方教育主管部门明文规定“学生春游秋游一律不准出城”，出发点是保障学生的人身安全，然而因噎废食，这项规定违背了教育常识，学生在喧闹的城市如何“热爱大自然”，如何“面对祖国的山河陶冶情操”？当然，在目前的社会条件下，还有诸多因素不利于教育的发展，使我们在尊重常识方面要付出代价，对此，青年教师常常无能为力，但是在教育行为上，什么是正确的，什么是错误的，至少要引起我们的思考。

尊重常识，遵守常识，你在教学中就有可能“无师自通”。有位小学美术教师说过，上静物写生课，只要学生思维正常，坐在前排两侧和坐在正面的学生的作业是不可能一样的。因为角度不同，他们看到的那个茶杯不一样，所以给作业打分时他会看一下班级座位表。小学美术教学法里有这一条吗？没有。是他自己想到的。有位中学物理教师说，他每次布置作业前，都要问学生其他学科的作业有多少，如果已经很多了，他会适当减一些。师大的物理教学法课上讲过吗？没有。是他在教学中想到的。我在说这些故事时，曾有老师问：教师这样做对学生真的有好处吗？我反问："如果不这样，那该怎样呢？"一只茶杯放在讲台上，从不同角度看到的图像当然不一样，儿童看到什么样，他就会画成什么样。学生作业过多，各科教师只强调自己的学科，必然全面地摧残学生的学习兴趣，那位物理教师精细合理地布置作业，学生从他那里学到的不仅仅是对人的关怀，还有"合理"和"效率"。这些全是常识，是一名思维正常的教师应当想到的。学生在回忆所受的教育时，所能记住的一般不是知识，而往往是教师的理智与情感，这样的教育，才有可能变为学生的实际运用能力以及情感态度价值观。

我半生做教师，越来越感到，我们日常工作中所做的一切，不过是遵守常识。当然，即使是常识，也需要学习，也需要发现，也需要维护。

第五辑　不放弃理想

理想，让我活着
不放弃理想
教师的人文素养比业务更重要
名校的尊严
凝望前辈站立的姿态
要想到他们走上社会时的样子
一件事会照亮一生
教师职业的危险性
谁是栽树人
告诉孩子们，这里发生过什么

理想，让我活着

不止一次有老师对我说：你太苦了，你活得太累了。——前一句话是慰问，是中国人对别人辛勤劳动的表扬；后一句话就有了歧义，好像是在说，你为了不值得的事付出了太多，或是你为那些虚幻的追求在折磨自己。回顾半生经历，我想，可能没有一种职业会让我如此投入生命，在中国，也不会有一种职业让我如此忧伤。这大概就是一个人的命运吧。

我在五十多岁时，多次卷进有关教育本质的争论。一些同行认为我的教育观是“理想主义”的，甚至有人认为“他的教育观过于理想化”“他说起话来像个儿童”。在我们中国，被这样议论未必是表扬，可我却不认为这些话是批评。我倒是很喜欢听这样的话，如果他们肯把这一切记下来，甚至能传到更远的将来，说不定会让未来的教育史家认为：“中国那时候还是有些教师的。”有时，我倒是觉得那些“现实主义者”他们比我苦，他们没有寄托，或是欲望过多，常常感到无所归依。

如果仅仅把教师当做一种职业，那么在当下，它可能未必是一种让人感到轻松愉悦的职业。社会的选择最能说明一切。在中国，很少有官僚和富豪让子女去选择教师为职业，虽然这个国家还不断地想方设法“提高教师的社会地位”，“保证教师待遇的提高”。每年有大批毕业生投考公务员，甚至出现成百名博士、硕士竞争一个公务员位置的新闻，这恰恰说明社会的文明水平很低。当然，任何职业都会有牺牲，目前公务员收入和福利比较高，然而所作出的牺牲往往也只有他们更清楚，特别是生存在体制内，很少能有创造的才情。

教师职业毕竟比其他职业有更多的憧憬，因为他的工作对象是人。

也许我们的工作不像一些人说得那样有诗意，但是当我们想到，这种工作会在未来起作用，就能感受到美和幸福。看到那些参天大树时，我常常想到，它曾经和所有的树一样，曾经是株幼苗，而它经历了一百年，一千年，依然挺立于世，让所有的人都能接受它的庇荫，让所有的人敬仰它生命的活力。我有时也在想，那粒种子从哪里飘来的？又是在什么时候绽出了第一叶嫩绿？

如果没有理想，不只是教育，任何一种职业也会是无趣的。人的选择如果过于现实，必然领略不到诗和梦的美。

十多年前，在报社做客，有编辑问我的工资收入，我照实说了。他们全都投过来奇异的眼神，后来我才知道那是一种同情。事后有朋友说，相比你的工作付出，收入太少了，辞职干点别的，还来得及。辞职？做什么呢？就比如当记者、编辑，又能做什么呢？你们说过，每天不知道自己在干些什么，往往言不由衷，甚至无中生有，满纸荒唐言！也就是说，要做一个好记者、好编辑也不难，只是同样要付出巨大的代价。我们的社会，要想获得真正的精神快乐，你就必须作出相应的牺牲，你不可能什么都轻易得到。

直到现在，仍然有人挖苦理想的“人的教育”是“不吃馒头只做诗”，虽然我不想回击那些热衷打这种比方的人，也不想指出这种简单二元对立的谬误，但我们不能不看到这种言论对青年一代教师的误导和伤害。我写这篇文章时是2009年，教育界已经有许多人靠疯狂的应试教育升官或致富，这些人背着成袋的“馒头”，胸前挂满大饼，正在使劲往“教育家”的队伍里挤，然而，你什么时候见过行吟的诗人写过“馒头颂”？

看着那么多的同行，跪倒在馒头前，我无权干预他们的选择；但我对那些用生命吟咏教育之诗的灵魂，永远送上我崇高的敬意。

不放弃理想

北京大学教授、诗人林庚先生说过："诗的本质就是发现；诗人要永远像婴儿一样，睁大了好奇的眼睛，去看周围的世界，去发现世界的新的美。"我认为这句话也是教育箴言，值得我一生记取。因为教育本身也是诗。如同每一位诗人都是因为有梦有理想一样，有梦有理想的教师才能教育出真正的人。

教育是为明天的社会培养合格的人，所以教师必须要有理想；教育的最终目的是为了让未来的社会超越今天的文明，这就是理想。教育本身就是美丽的事业，她呼唤人的理性追求，她呼唤建立美丽的人格，她当然需要理想。

从这个意义而言，中国古代的"教育"也注意受教育者的理想，在《子路、曾皙、冉有、公西华侍坐》中，孔子并没有鼓动学生去跑官要官，也没有暗示学生去谋个实惠的职业。曾皙说自己的愿望是："莫春者，春服既成，冠者五六人，童子六七人，浴乎沂，风乎舞雩，咏而归。"孔子感叹道："吾与点也！"曾皙不想做官，只想通过礼乐教化，创造一个和平宁静、人民幸福的环境，孔子赞成他的想法，是因为那正是自己的理想。也许，那样的社会一直没有出现（但所有的统治者都喜欢说自己是盛世），我们能说人类社会不需要那样的理想吗？

理想、信仰，这些崇高的词一直在被专制主义文化亵渎，因为觉醒的奴隶奋起追寻的，正是这类开启灵魂的精神之光。

同时，这样的词语也被庸俗的社会风气所鄙弃，因为庸人的世界不需要理想、信仰的阳光。庸人的快乐常常在于用尊严和正义换得一杯羹，快乐得不知道自己是偷生，把当看客作为阳光下最快乐的事。

青少年时代，人对世界开始真正产生兴趣，懂得珍爱生命，对世事开始产生困惑，萌生求知欲，探究未知世界……他的人生观开始形成。十二三岁，到十七八岁，人生的黄金时代。在这个阶段，他所受的教育对一生起着决定性的作用。他需要诗，需要梦；他有幻想，有志向……所有爱做梦的孩子都是心智正常的孩子。

青少年需要有梦想的教师。曾有学者说，不是理想主义者不要来当教师。这话当然是对的。然而，这句话也被认为是“理想主义的梦话”。在一个极其现实功利的、信仰和理想被亵渎了的社会，教育不可能有诗意；而没有诗意的教育，是不完整的落后的教育。那种教育只能培养暴发户和土豪。

不同的精神选择体现在教学上，会有不同的结果。在一本高中作文辅导书上看到一则材料作文题，说有个哲学家只顾抬头看星星，结果掉到坑里了。作文要求是“请根据上面的材料，写一篇作文”。——人已经掉到坑里去了，还有什么可说的呢？看了“写作提示”，的确是讽刺那些仰望星空的人。教辅书总是抄来抄去，这道作文题还有不同版本。有的说成“只顾抬头仰望星空，而忘了留心脚下的陷阱”。——“坑”改成了“陷阱”，这就更有“意义”了。还有教师为了形象说明问题，在课堂上结合社会现实，很生活化地将其改为“结果踩到了路上的狗粪”，引得学生大笑——这大概也是他的“寓教于乐”。我的学生疑惑地问：“这种题目有意思吗？”我说，当然也不能说没有意思，依我之见，那些陶醉于灿烂星空的人只是偶然地跌落在陷阱或是踩到了狗粪；而那些嘲笑他们的人虽然“没有失误”，但是一直低头走路，一生在惦记“陷阱、狗粪”“狗粪、陷阱”。这就是我们常说的“境界”，这就是你们叹息过的“人和人不一样”。

想起 2004 年发生在南京的教育大讨论，当时有人问过：你们对教育的诠释怎么经常像做梦一样？我的回答是：你说对了。从事教育的人本来就应当是一批会做梦的人。如果没有梦想，也就没有真正意义上的教育，我们的后代也就不会有真正的童年、少年和青年。

即使什么都看透了，也不放弃理想。

教师的人文素养比业务更重要

你今天对学生的讲话很有意义，以后还可以找机会，不断地强调，要让学生过好多年也忘不掉。你是理科教师，学生有可能把你教的学科知识忘掉，然而，你关于做人要有同情心，要有悲悯意识，要讲诚信，要做一个对自己对别人都负责任的人，等等讲话，学生不会忘记。

别以为你今天说的这番话是没用的，别认为你的谈话价值有限。教育所要教给学生的，是人的思维和行动习惯，并在这样的教育中培养人的创造精神。在这个功利主义盛行的时代，你朴实的工作态度和你发自内心的话语，就像把一粒种子放在了他们的心田。与此同时，你的学生也看到了教师的心灵。

有一次在外地交流，有位同行问我，你作为教师，最大的痛苦是什么。我说，我们这一代教师，注定是要与苦难共生的，痛苦的事也太多，如果要说最痛苦的，莫过于看见年轻的学生比成年人世故庸俗。

因为单纯，因为年轻气盛，青年一代本当急公好义，有强烈的道德感，见善若不及，视恶如探汤；回顾历史，我们可以发现，很多新的思想，都是通过青年街头的宣传呼喊传向社会的。然而，在一个平庸的时代，青年也容易走向平庸；平庸久了，庸俗就有了市场。我总是不能忘记，在一些原则问题上，常有青年劝我“算了，算了”。

他们是怎样走向庸俗的，他们接受过什么样的教育，我想知道。看看现实吧：不愿意经历辛勤的工作，一味地寻找捷径，私相授受，给个芝麻官，给个虚衔，多拿点奖金，出国旅游一次……一点点诱惑，有些青年就放弃原则立场，背离了自己的主张。不但在学校，在一切地方，都能看到青年的庸俗世故。我之所以觉得悲凉，并非因思想痛苦——思想痛苦是必然的经历，避不开，逃不掉；没有那样的痛苦过程，人也很难对高尚投去崇敬的目光。真正令我悲凉的是，青年过于追求名利，思想一定变质，社会也就必然陷入绝望。当然，我不是进化论者，不能指望所有的青年都能按照我们这一代人的理想接受教育，全都成为有高尚追求的人。

我刚到中学那年，有位教导主任处理学生考试舞弊事件，愤慨地说了一句："什么样的教师教出什么样的学生！"在调查情况时，几乎所有学生都认为这件事没有必要处分，因为班主任经常宣扬"世上的事不必认真"，常用语言也是"混混"。为什么青少年一代对诚信的品格不是很敬重？常在于他从小在学校里接触了一小批缺乏基本道德、不讲诚信的教师。

有两位学生，毕业20年了。不久前我见到了其中的一位，她在大学任教，这位理科教授告诉学生们：她之所以能理智地看待社会，是因为高中语文课上学到的东西。她的话触动了我，我也有些意外，因为在校期间，她是位寡言的学生。另一位旅居国外的学生说：高中是她一生中接受人文教育最多的时期，这以后她的语文能力没有再超过高中时代；走上社会后，没有人再对她讲"心忧炭贱愿天寒"了，没有人再对她说"邑有流亡愧俸钱"了。

为什么人文素养更显得重要？教师在和学生的接触中，必然会把自身的价值观传达给学生；如果为人处世违背做人的基本常识，对生活中美好的人情熟视无睹，怎么能当教师，当校长？一个开始有道德情感的学生，在学校教育中，最不能容忍的是教育者的思想低俗与言行粗俗。在今后的人生道路上，当他发现自己处在一个让他人怜悯的境地时，他有可能开始冷静地思考自己从平庸走向庸俗的原因。教师没有帮助弱者的意识，在言论中侮辱穷人，厌恶劳动，学校教学生弄虚作假，在管理工作中挖空心思设立"潜规则"，等等，同样也会在学生的心灵上种下一粒基因残缺的种子。

人们都知道作为物理学家的爱因斯坦，但并非每个人都认识作为哲人的爱因斯坦。他说：“我从来不把安逸和享乐看做是生活目的本身——这种伦理基础，我叫它猪栏式的理想。照亮我的道路，并且不断地给我新的勇气去愉快地正视生活的理想，是善、美和真。”胡耀邦在阅读《爱因斯坦文集》时，曾高度评价这一段文字。爱因斯坦在物理学领域的发现很伟大，比这更伟大的，是他实践了人的生命意义。

名校的尊严

所谓名校，并没有确切的定义与标准，其“名”是在社会的进步发展中自然形成的，而不是靠官员视察、题词或“验收”“评选”弄出来的。名校有悠久的历史，并在某个历史时期有过辉煌的业绩。在基础教育界，名校往往是某种时代精神的体现。

医学家吴阶平带博士生，对学生高中时代在什么学校读书很感兴趣，这件事耐人寻味。十多年前拜访物理学家谢希德，知道我是中学教师，她开口便说“我是贝满的”，因为她相信母校的“名”而不必多言。前几年外出，听一白发老妪高歌《当我们年轻的时候》，问她第一次唱这首歌是哪一年，她则答：“我是中西女中的。”我恍然大悟。这就叫做“名校出身”。旧时代的名校也讲升学率，然而载入史册的，却是它们所体现的时代精神，被人们传颂的，则是其办学的理念与学生的教养。

近年读了中国一些名校的资料，不外乎“过去的学校”“过去的教师”之类（据说还有人在编《过去的校长》），回望一个时代的背影，有种说不出的惆怅：一百年的现代教育走到今天，学校规模大了，人数多了，楼高了，为什么看上去却有丢失魂魄的感觉？当今究竟有没有真正意义上的历史文化名校？一些名校扩大办学规模，大兴土木，搞政绩工程，漠视学校的文化遗存，这是形式上的；比这更要不得的是颠覆办学理念，把名校简单地改造为“高考名校”。环视海内，能坚持先进的办学理念，按科学规律办学的名校，已经很少了。

如铜墙铁壁一般钉满学校大门两侧的各种铭牌，一连串没有实际意义的“称号”，泛滥成灾的“研究课题”，毫无价值的文字垃圾一般的“学科论文”，成年干扰教育教学工作的各种“评比”“验收”……名校面对着这样的花花世界，也坦然混迹其间。在教育路线被歪曲了的功利时代，在应试教育以它前所未有的生命力成为诱惑的时期，在落后的管理体制的影响下，名校纷纷放下架子，像饥饿者一样在市场上争抢刨食，而不愿做绅士了。当今，几乎所有的管理者都急于出成果，急于获得全部的荣誉和地位，为此甚至不择手段。这中间既有社会风气的影响，也有个人素养方面的欠缺。名校在世人唾弃的旧时代能洁身自好，到了改革开放新时期，却禁不住诱惑，而学校也就成了名利场。

名校丢失的是对教育本质的追求，之所以会丢失，在于社会的浮躁和人们的功利意识。名校的优秀传统之所以难以传承，除了体制因素，也有自身管理素质下降的因素，同时，在很大程度上也受社会风气的影响。庸俗化的社会评价直接把学校推向生存竞争。相对于全面发展学生的综合素质，高考升学率则是“好吃看得见”的诱惑，毕竟周期只需三年。可是，教育的性质最像农业林业，要讲究“时”，是不可能“加速”的。学生的成长有一定的时节，在一定的生长期获得相应的教育。如创造力、独立思考、自由精神等方面的培养，过了最合适的教育时节，就很难实现。有位学生回忆高中时代是“考取了名牌大学，浪费了三年时间”，这句话是对教育背离本质的一种批评。

如果教育者太现实了，必然走向庸俗。教育者要办“人民满意的教育”，更应当办对民族负责的教育。名校成名，积百年之努力，毁而弃之，却用不了三五年。环视国内，名校风范不再，风格不存，令人痛心。教育是理想者的事业，教育要培育理想，可是教育的大环境很不理想，教育者自身在鄙弃理想。我们对此不可视而不见。

学校放假了，我常静静地坐在校园里，看这些老树。这些树的年轮大概比我的多，我来工作时，它们已经立在那里了。这些树是世纪的见证，如果树有情感，它们会不会落泪，抑或笑出声来？如果树有思想，它们最想告诉我们的是什么？对土地的情感，只有耕作其上的老农体会最深。

而说到对学校的感情，可能也只有把生命燃烧在课堂里的教师们最清楚。当一种职业成了你的生命，当你在从事这项工作时有宗教情结，你就不会容忍任何玷污它、亵渎它的行为，你会用生命去保护它的纯洁。我对名校的堕落痛心疾首，也许正出于这样一种自私的情感。

我成年之后，生活时间最长的地方只有两处，一是插队的乡村，再就是在这所学校了。爱得太深了，所以我的眼睛里才会饱含泪水。

在教育界，高贵与卑贱的距离也许只有一步，这就是能不能在任何情况下，都保持教育者的尊严。

凝望前辈站立的姿态

2008 年 3 月初，南京师范大学 1977 级同学为纪念恢复高考入学 30 周年，在文学院为孙望、唐圭璋教授立了铜像。此前，同学会委派我写碑文。我拙于表达，怀想高山仰止的前贤，更不敢动笔。我对大家说，我们做学生的，说几句真心话就行了，不要讲究形式，更不能班门弄斧。很多同学后来没有从事语文工作，但两位先生的人格影响，是我们终生不能忘怀的。有人曾论说两位先生，说他们的学问，以我们毕生苦修，也难以企及；而他们的人格修养，更是我们无法超越的。铜像揭幕那天，在春雨中，凝望两位先生清癯的容颜，我抑制不住内心的激动。百余名当年的毕业生齐声诵读纪念碑文："在那个春天走近你们，我们的生命有了春天；凝望你们站立的姿态，我们的灵魂从此站立。岁月，雕刻了你们的容颜，铸成我们心灵上的诗篇……"

孙望、唐圭璋也当属于"过去的教师"。我们总是不得不说"一个时代结束了"，那个时代带走的是什么？会不会也会让美好的事物成为绝响？会不会永久地留下不可登攀的精神高地？处在新旧交替时期的人，应当怎样继承先人的这份遗产？

好多年了，每遇到前辈，我都喜欢打听他们当年在学校上国文课的情形。这是因为我总觉得自己的教学越来越吃力，临近退休，反而像不会教书似的。我感到困惑的是：旧时代的教育教学条件比现在差多了，其他不论，就说老北大的建筑，根本赶不上如今一所县级中学的规模；而如果把现在中学的电化教学设备抬出来，当年老北大没有哪位先生会使用。再论学历，当今教师的平均学历是有史以来最高的，而梁漱溟、钱穆和启功那样的大师，以他们的学历，想往当今中学投份招聘材料都会被扔出来。可是今天的教师很难达到他们的境界，我们的教育教学效果并不理想，我们的教育还没能为民族强盛培养输送大批富有创造力的人才。

凝望前辈的背影，不禁感慨一个时代真的过去了。

以我们今天的眼光，那个时代似乎是有很多毛病的，所以我们一口一个“旧时代”“旧中国”“旧教育”，仿佛那个“旧”是必须批判，必须遗弃的。可是正如对待一切文化遗产一样，我们对教育传统的继承，也应当持一种客观的态度。

我有时很奇怪，按习惯的认识，旧时代的教育没能普及，教学方法相对比较落后，学校管理极其简单，为什么却培养出了那么多有用的人才？当年小学毕业生的语文素养，无论听说读写哪一方面，水平甚至比现在的一些大学生还要高，这是怎么回事？因而我很想了解旧时代的教育，想了解旧时代教育是如何继承传统的，想知道那个时代的教育，特别是一些杰出教师的教育教学方法，还有哪些是值得我们继承和学习的。

这些“过去的教师”，执著于自己的理想。那个时代可谓内忧外患，而教育者却能坚守理想，创造出教育奇迹，培养出一批又一批的杰出人才。

教师应当有自己的生命追求，而处在一个变革时代，更应当有不同于一般的职业精神。我也算得到过前辈教师的教诲，那些在清贫与平凡的生活中教过我的老师们，在我的心灵中种下了理想。教育是理想的职业。教育为民族的未来培养人，教育要培养人的尊严，所以教师不能没有理想；教育的最终目的是为了让社会保持文明与进步，教育者当然要有理想！教育要铸就美丽的人格，因而教师必须是理想主义者。可是，究竟从何时起，“理想主义者”竟然成了一句挖苦人的话了呢？凝望过去的教师们的背影，反思我们今天的教育，我的心是沉重的。

一个时代过去了，杏坛上留下无数平凡的身影，我仿佛仍然看到他们弹拨生命的歌弦，为一代代学子斫出生路。他们的姓名永远活在一批人的生命里，也镌在教育的史册上。作为教师，我们将以什么样的姿态站立在讲台？我将给自己的学生留下什么样的记忆？——我想，如果我能这样去思考，去工作，至少，我将站得比现在高。

要想到他们走上社会时的样子

20 世纪 80 年代，教育界同行经常议论，说我所在的学校办学有问题。什么问题呢？论者认为，这所学校毕业的学生思想比较单纯，读书多，但涉世能力不强；学生走出校门，面对各种复杂的社会现象，经常不知道如何应对，往往感到痛苦。

作为经常性的话题，我也作过一些思考，只是想得不是很透彻。我不能接受那些教师的观点，我不认为学校的教育有根本性的错误；作为教师，我不愿、不会，也无法向学生传授所谓的“涉世经验”。我们的教育教学是正常的，学生品格纯正，有什么不好？我们是不是非要把学生一个个教得头脑复杂，是不是非要把他们全沤成那种精致的市侩？

应当换个角度看问题。不是我们的教育过于理想化而误人，也不是因为我们主张人格的纯净而害人，而是社会不健康，变得畸形。我们的社会状况究竟如何？我们的社会是否给青少年提供了一个健康发展的环境？我们的社会是否有能力培养青少年正常的情感态度价值观？……

这个问题同样也困扰着一些名校，而且至今仍然在困扰着很多教师和家长。当然，我理解人们的担忧，有谁不希望社会健康文明？有谁不希望人际关系简单？又有谁不愿意自己的子女过上文明的生活呢？

嵇康被杀之前，曾写过《诫子书》，你看上面的那些话，其实全是不得已，却充满慈父对儿子的爱。他告诫儿子要注意的那些细节，有多少是他自己愿意做的呢？他有自己的理想，但他不愿儿子担负太多的精神痛苦。家庭教育中这种复杂的现象，可能也不止中国才有。

我们教育青少年要有自己的立场，有自己的信仰，有自己的人格，有自己的原则，这绝对是正确的。教育，就是要教会学生最基本的判断和思考，就是要培养学生良好的习惯与品格。如果我们在基础教育阶段，就教学生察言观色，教他们深藏不露，教他们左右逢源，两面三刀，教他们“龙胜帮龙、虎胜帮虎”，教他们“见人只说三分话，不可全抛一颗心”……那么，我们究竟是教师，还是市侩？

我常常根据学生的性格习惯，猜想他走上社会时的样子。我甚至想到：如果学生在接受了学校教育后，在当今社会如鱼得水，八面来风，怡然自乐，从来也没有困惑，从来也没有痛苦，那我反而要怀疑学校教育庸俗化，也不得不怀疑教师群体品格低下。

社会不健康，最终将殃及教育，影响学校的健康。回忆 20 世纪 80 年代的学校，物质条件差，往往连买台录音机、打字机都要学校领导班子开会研究；但是教育界风气相对较好，学校常常被社会人士认作是“净土”。正因为这种相对的纯净，学生有健康成长的环境，他的道德观念和言行习惯是在一个相对比较文明的环境中逐渐养成的，并有可能成为他一生的“精神底子”。人在成年之后文明习惯上的差异，很多是因为青少年时代学校教育的差异所致。

有位学生毕业多年后对他的高中班主任说：“我现在每次做假账时，都会想起老师……”教师说：“可是我从来没有教你做假账啊！”学生说：“领导、职工都在看着我，我不做，企业有可能垮；做了，自己良心上过不去，对不起所受过的教育……”——怎么说呢？你看，学校教会他遵纪守法，而走上社会后，教育让他形成的道德观念却令他痛苦，他周围的人都不理解他。所受的教育和现实的冲突一下子摆在他的面前。你说，是谁错了？

我认为这也恰恰说明学校当年的道德教育是比较成功的：毕竟还让学生的思想上有点抗体，毕竟学生还保有最基本的判断力，毕竟面对现实他还能感到困惑和痛苦。如果他随波逐流而怡然自乐，忘记教师所传之道，那他所接受的学校教育有什么用？

我总是在想，教育应当培养学生高贵的气质，让学生从青少年时代，就有精神上的追求，有高尚的人生目的。他可以选择做一个普通的人，和芸芸众生一样，过普通的生活，但他的教养必须是这个社会上最优秀的。如果一所学校没有这样的教育理念，它培养出来的人将会很平庸甚或很庸俗。我们在当今社会可以看到，不管一个人如何装扮自己，他的“底子”往往是掩饰不住的，他的庸俗与猥琐总会在不经意之时自然地露出来，而他自己一点儿也觉察不到。这种差异往往体现了青少年时代所受教育的水平，当年有什么样的教育，就可能有什么样的未来。

是的，早在刘、项的时代，我们已经看出，“贵族搞不过流氓”。可是流氓终究是流氓，不能因为流氓得势，流氓曾获得成功，就认为每个人都应当去学流氓，甚至认为教育就得培养流氓的生存精神。——不要认为这是危言耸听，“发展是硬道理”不是已经被教育界翻译成“升学率是硬道理”了吗？依那样的理解，教育界做的很多事已经完全背离了教育原则，许多教师在不知不觉间向学生灌输了错误的甚至是反动的、缺乏人道的观念，把学生变为不思考的机器、没有教养的人。

不能不反思当下教育界的风气。学校教育也常常要求学生树立理想，这是习惯性提法；然而，树立什么样的理想，让什么样的教师来宣讲理想，真的很重要。

一件事会照亮一生

以往，上课讲到文学作品中的同情与悲悯，私下总感叹现在的孩子不如以前。“文革”前，虽然有“阶级斗争”的教育，民间淳朴的同情心总是能让孩子为之感动，面对贫弱和苦难，他们有时并不考虑“社会主义觉悟”和“专政”，甚至能冲动地放弃“阶级立场”，他们宁可来一点“小资产阶级软弱性”。记得去农村夏收时，看到一个孩子吃力地背着麦捆，有个女生上去帮。有社员指着孩子悄悄说：“她老子是地主。”女生犹豫了一下，奇怪地问：“她父亲是地主关她什么事？”同学中有革命性强一些的，批评女生说：“以后要注意了。”女生说：“要是我压趴下了，她是不是也不准来帮我？”——在政治运动频繁的年代，严酷的“思想教育”都没能让一位少年失去同情心。而到了改革开放年月，大部分人的生活好起来时，世间同情心反而变得稀罕，岂非咄咄怪事！

105 周年校庆，有位校友撰文回忆附中岁月，提及 15 年前我在高中辩论大赛中“吹黑哨”的旧事。书出版后，有老师看了后问我：“你当年真的‘吹黑哨’？”我没教过那位同学，看了他的记述，依稀记起那件事。不过，如果不是他写回忆，我也许会永远地忘了。15 年前的那场辩论赛，高一和高二对抗，题目是“市容队没收小贩物品是否合理”。高一队抽到的是正方，高二队抽到反方。学校竟要我同时辅导两个队。我教高一，可是我希望高一输掉。在辅导高二队时，我教他们如何质疑，如何欲擒故纵，如何攻其不备，并对高二队说，希望他们赢得胜利。那位学生回忆说，对我的做法，当时他们很意外。在辩论时，他们信心百倍，气势如虹，赢得了比赛。那位学生在后来的记者生涯中，经常地为弱势群体呼喊，多次为捍卫正义而身陷逆境。

当年那样的做法，对高一代表队也许很不公平，但我的确不忍让学生从此有“市容没收小贩物品合理”的认识。这种主观情感在左右我，我忘了自己是“指导教师”，我只想到不能让学生丧失最起码的同情心。不管谁抽到反方，我都会那样去做。《语文课程标准》中的“情感态度价值观”指的不就是这些吗？

上班路上，常看到两位老年妇女在乞讨，一位白发的年纪很大了，另一位患有浮肿病。我路过时，会给她们一些硬币。时间长了，她们甚至会问：“老师，下课了？”我也经常会为自己身上没带钱而发窘。下雨了，我会想，她们今天不会来了。后来我知道，班上的学生也经常给她们钱。有一次，小魏在随笔中写到，他把身上的十多元钱全给了那位老奶奶，这是他近两天的饭钱。那位老奶奶对他诉说了家庭的不幸，说了近半小时。小魏感叹：如今，会有谁对一个学生说自己的生命经历？我得到了一个老人的故事，可是我没有什么可以回报她的。过了些天，另一位学生小陈在作文中也写到，他把一顿饭钱给了老奶奶，因为他实在不忍看到白发苍苍的老人坐在路边乞讨。

现在的孩子经常接受的“教诲”是：那些乞讨者全是骗子。这种冷酷的教育会有什么样的后果，在这个金钱社会，似乎是无足轻重的事，没有人愿意去思考。我在讲评作文时，介绍了这两位学生的作文。关注社会、关注民生，是中国语文教育的传统。我对学生说，人的一生有许多美好的感情，我们也许无法做得更多，但是，一个男子汉，有这样的同情心，他以后是不会去做坏事的，他是值得信赖的。大家都向他们投去赞许的目光，我看到了，我感到我的教学是有意义的。

《卡拉马佐夫兄弟》中，可爱的青年阿廖沙是怎样说的？“第一和首先的一条是，我们要善良，其次要清清白白地做人，再其次是永远不要彼此相忘。……没有任何东西比某种美好的回忆(特别是童年的回忆，你们生身之地留下的回忆）更崇高，更强烈，更健康，更有利于你们未来的生活了。……即使只有一个美好的回忆留在我们心中，那也可能在将来的某一天有助于我们得救。”

也许孩子们还不知道，这些蕴藉了人性和真情的行动，会照亮他的一生。

教师职业的危险性

任何职业都有其危险性,教师工作也不例外。说起来好像有点玄乎,但这种危险性真实地出现在我们的教育中。

友人之女曾在名校就读,说起教过她的老师,感慨不已。有人问:在你读书的这些年里,你有没有受过伤害?她说,13岁时,父母工作调动,她从家乡转学到南京一所中学读初二。她喜欢这所学校,可是不知为什么,她报到时,班主任脸上一点笑容也没有,冷言冷语,除了莫名其妙地教训了她一顿之外,还关照她:“你每天放学后,要把教室的墙壁掸干净。”中小学卫生值日,学生一般一星期才轮到一次,可是这位班主任竟然没有任何理由地让她每天值日。教室的墙壁也不是每天都要掸灰,这种安排简直就是歧视和惩罚。老师还让别的同学监督她。孩子很有意志,能忍耐,回家也不告诉父母。两个月里,她每天像囚徒服役一般劳作,总是最后一个离开教室,没有任何光荣感。没想到的是期末考试,这孩子考了总分第一,于是班主任通知她:从明天开始,你不用掸灰了。孩子说,其实她不恨那位教师,只是认为老师很可怜;偶尔会想起教师的乖戾,只把它当做性格问题,未必是师德差。

我听了这样的诉说,非常惊讶。我惊讶的是这名教师的行为如此令人厌恶,而学生竟然一点也不憎恶教师。固然这种难得的宽容体现了一种宗教情怀,但从教育视角观察,那位教师不具备从事教育的资质,而且,她违法了。

她以为作为班主任便可以做自己想做的一切,她竟然不去想自己的行为会给一个孩子的心灵造成伤害。她可能很幸运:她教低年级学生,她那些乖戾的举动（纯粹是病态的）没有引发学生的抗议，她遇到了有宽容精神的学生。但是，更多的学生在她的管制下只有忍耐，再忍耐，直熬到完全摆脱了她的压迫，才如释重负，开始新的人生。也就是说，她根本不认为那些莫名其妙的惩戒式的“考验”有违师德。

学校有这样的教师，已经够奇怪的了，更令人奇怪的是这些教师经常被认为是“负责任”的教师。

和以往一样，我最后一次带高一新生时，还是有许多期待的。虽然我知道，在应试狂潮下，生源质量下降，“一届不如一届”，但毕竟是新同学，他们也睁着眼指望到了高中能“享受青春”。开学第一个星期，有教师看某个班学生的随笔，愣住了。拿给我看，我也愣住了。因为教师节快要到了，学生在文章中回忆初中的班主任，说班主任工作极其负责，每次查到他漏做作业，都在第一时间打电话通知他的家长；如果他请了病假，她一定会在晚上到他家给他补课；她没有让他休息过一个星期天。每当他想早点休息时，班主任就会打电话给他，总是告诉他：“离期末考试只有一个月了”，“离中考只有两个月了”……在三年初中阶段，他没有一天不在老师的视野范围内，他的一切行动都要征求老师的意见，而老师也具体地管着他的一切。现在，上了高中，十多天了，班主任没和他说几句话，于是他不知道自己该去做什么，他当年所有的坏习惯几乎全都“萌芽”了。

当然，不能把学生身上的一切坏习惯萌发都当做教师的责任。可是这名学生的依赖性又是哪里来的？能说和教师的包办代替没有关系吗？

于是又一次想到教师职业的危险性。一般而言，我们会说教师教学水平不高有可能会误人子弟，而往往忽视了教师在不经意之间向学生传达的错误的价值观、不良行为和错误的思维习惯。我们充满工作的激情，然而面对的是不可知的人群；社会对教育教学工作有误解，往往会对教师的工作作出错误的判断，而这种错误判断又加剧了教师的错误行为。我不止一次地听到家长向学校表示过这样的意思：“随你管教，随你打骂，只要他能上大学，我们一家感激你……”

由于错误地认为这就是“人民”表示出的“意愿”，进而认为“加强管教”才是“人民满意的教育”。学校和家长只用升学率去评价教师，因此违背教育规律的做法一直在中小学盛行。接受了这种教育的学生在未来会是什么样？他能否成为一个合格的公民？相信每个有理智的教育工作者都会作出正确的判断。我们工作中的任何不慎，都将会在未来的某个时刻造成严重的后果。

我们对教师职业的正确认识与社会对这一职业的误解之间的矛盾，可能会长期存在。

教师不能再以为自己是“人类灵魂的工程师”了，如果我们想要去拯救别人的灵魂，那可能先得拯救自己。

谁是栽树人

桂花飘香时，校园里所有的人都爱做深呼吸。我在这所学校服务二十多年了，问过前辈教师，他们也不知种树人是谁，这便让我有过许多猜想。有一天，我对学生说：我们来想一想，那位种树人是什么样的？他种下了这几株桂花后到哪里去了？种下这些树后他凝望过它，并有过什么遐想吗？……教室里一片沉静，所有的眼睛都在闪亮。

在某校和高三学生谈到，高考结束后要做的事不少，除了向教师告别，还应当去感谢食堂炊事员，去感谢车棚的看车师傅，去感谢教学楼道里的清洁工，等等。有学生听了笑起来。他们在议论什么，我大概猜得出。他们也许认为炊事员打的饭菜数量少，车棚看车师傅曾经为难过他，而且他根本不认识楼道的清洁工……学生们满 18 岁了，还没有为这个社会做点什么，那就先学会感谢吧，先学会尊重普通人的劳动吧。

怎样对学生谈乞丐问题？如果只是简单地告诉他们，这个世界上有许多人好逸恶劳，有许多人伪装可怜骗取别人的钱财，街头的乞丐有 90% 是假的——那样会有什么样的结果？事实果真如他们说的那样吗？穷人已经够可怜的了，为什么要侮辱他们？在我们的教育内容中，很少有悲悯和同情，却从来没缺过假大空的高调，这是教育的失败。

有位老教师私下说过伤感的事，他病了十多天，没有一个学生想到要去问候他。他反思这件事，认为错在自己。没有学生去慰问他，他并不在意；想到学生由此可能会成为冷漠的人，他就觉得自己的教育不太负责任。学校不是经常表扬教师带病工作吗？有教师累死在讲台上，媒体不是仍然在做正面宣传吗？这很可能成为一种暗示，学生有可能会认为教师的一生就应当如春蚕丝尽，如蜡烛泪干，的确也有过家长埋怨教师"一病十多天，耽误了学生的考试"。——教育传递了错误信息，学生就有可能先在教师身上"实习"一遍。

有家教育报的大标题把晏阳初的姓名印错了，却没有多少读者看出来，因为在中国教育界，很多读者不知有晏阳初其人。二十多年前"解冻"，介绍晏阳初，至今，仍有许多教师不知道他是谁，因为当今的教育并没有突出"平民教育"这样的关键词，教师往往也缺乏平民教育的意识。现在，没有校长能有晏阳初、陶行知那样的学养，更不可能有他们那样的远见卓识。

上个世纪第一次世界大战期间，耶鲁大学毕业的晏阳初来到法国。有天晚上，他替四位华工代写了家信，第二天来找他写信的就有 50 多人，第三天有 100 多人，后来每天晚上都有成百名挖完战壕的苦力来找他写家信。再后来找他代写家信的华人越来越多，晏阳初因此想到要办夜校，办报纸，教苦力识字。有一天，一个苦力学会写信了，他写信给晏阳初，信上说："你办报以来，天下事我都知道了；但是你办的报太便宜，恐怕以后不久会关门，我愿意把战争中存下的 360 个法郎捐给你办报。"晏阳初感动了，他说，我发现了一个新人物，这个新人物就是"苦力"；我不但发现了苦力的"苦"，还发现了苦力的"力"，在苦力身上，有着振兴民族最重要的潜力。

告诉孩子们，这里发生过什么

2007年夏天，我在芝加哥中途机场转机，看到候机大厅里有一处展厅，有中途岛海战的图片展与电视片介绍，还有一架海军的野猫式战斗机悬在大厅上方。我这才知道“中途机场”就是为纪念中途岛战役命名的。在1942年6月那作为改变太平洋海战战局的关键一役中，美国海军牺牲了三百多名官兵，其中多数是舍生忘死的飞行员。

我搭乘的班机将在两小时后起飞，这使我能比较从容地在展厅里看完了全部展示内容，并逗留了好一会儿。我注意到一些美国旅客也在认真地看这些展览。

在展厅里看到这样的话：

> 你们当中任何一位参加中途岛海战的人，都为我们的历史写下了光荣的一页。与你们共同战斗是我的骄傲。
>
> ——尼米兹将军

> 对于永远无法回来的人，和那些即使尽了最后的努力也没有如我们一样幸运的人，我要告诉孩子们，他们的父亲所做的一切，以及他们为什么要这么做。
>
> ——美国海军陆战队退役一等兵、小学志愿者 埃德加·R·福克斯

什么是“小学志愿者”？我猜想可能是指对孩子们进行和平教育、历史教育的人士。

六十多年过去了，还有多少人会记得那些往事？那些中途岛战役后出生的人，年龄较大的也已65岁了。幸存的老战士们没有忘记，是牺

牲者用生命换取了胜利。

——在这样一个繁华的都市，在这样一个繁忙的飞机场，却有这样一处纪念牺牲者的地方。这就是社会教育理念的不同。我不禁很想呼吁有关方面转换一下思路，我们的机场候机厅已经清一色地很像市场了，有谁想到可以用于纪念先辈为民族独立奋斗的历史呢？当然，我对这种建议的回应没抱什么希望。

我想起 2003 年夏天访问圣彼得堡的事。先住在涅瓦大街南头的莫斯科酒店，对面就是亚历山大·涅夫斯基卡娅修道院，陀思妥耶夫斯基、鲁宾斯坦等人就安葬在这里，令人遐思不已。第二天，临时换宾馆，搬到布尔科夫斯卡娅饭店，这个饭店不在圣彼得堡老城，可是我却觉得很幸运，因为它就在“二战”胜利广场边上，从楼上能看到广场中央的列宁格勒英勇保卫者纪念馆（俗称“围困纪念馆”）和高耸的纪念碑。黄昏，我到纪念馆瞻仰。纪念馆主体建筑是名为“封锁”的环形露天大厅，由花岗岩围成，环形石壁南部有缺口，象征冲破围困。两侧石壁上分别用金字镌刻着“900 天”和“900 夜”。卫国战争期间，圣彼得堡——当时称作列宁格勒，被德军围困 900 天，军民誓死不降。城内每人每天供应面包仅仅 125 克，最终战死、冻死及病饿而死者总数有 80 万人。

晚上 9 点，纪念馆已经闭馆，因为时值白夜，也不过多一些苍茫的暮色，周围静寂，雄伟的纪念碑更显肃穆。我流连在此，沉浸在早年读过的苏联小说中。这时，两位身材高挑的姑娘也来到纪念碑前，她们大约 20 岁，从她们惊奇张望的神色，不像是见多识广的圣彼得堡人。她们崇敬地凝望每一面浮雕，不时低语。她们从哪里来？也许是乌拉尔山区，也许是堪察加半岛，总之，一定是初次从遥远的地方来到教科书上知道的圣彼得堡。可惜我的俄文早就忘得一干二净，我真想知道她们为什么会在这样的时分来到这里，不愿离去。我看到，她们蹲下，把游人不留心扔下的纸屑一一捡起。我离开时，她们仍然在捡。

现在，每想起圣彼得堡的白夜，我就会记起在围困纪念馆遇到的那两位俄罗斯姑娘。

在莫斯科红场，曾见到四五对新婚的青年向无名烈士墓献花。这是苏联时期的传统，即使苏共垮台、苏联解体，年轻的一代仍然这样，在最幸福的时刻，向为祖国独立自由献出生命的战士致敬。

我感慨这样的事，作为教育工作者，有许多该做的事我们没能做好。有一次，在江东门侵华日军南京大屠杀遇难同胞纪念馆，看到教师带中学生参观。学生埋怨“晒死啦”，教师则耐心地哄这些高中生：“一会儿就好，一会儿就好了。”还有许多出格的表现，如学生嬉闹，教师则躲在阴凉的地方。我真的不知说什么是好。好多事，我们那一代人做得还不错，到了现在，什么理由都能抬出来，什么“敬重”也没有了。为什么在中国这样一个为争取民族解放经历了那么多苦难的国度，人们不愿意纪念过去呢？我不敢想。

所以，我想，我们必须经常地告诉孩子们：以前发生过什么，这里发生过什么……

第六辑　播下一粒善良的种子

如果不用“博爱”，用什么词
播下一粒善良的种子
要向学生表明我们的爱憎
此所谓仁爱之心
留点麦穗在田野上
这些事，也需要勇敢
看见别人跌跤不要笑
山区来信
生命的歌
像太阳一样升起的白旗
让我们回到童年

如果不用“博爱”，用什么词

雨接连下了很多天。学生说“体育课很不爽”，有的则说“打车不容易”，女生撒娇说“这雨下得烦死了”。

我说，这场雨不停，农民苦，赶路人也苦，找不到活干的外乡人更苦。

学生不说话了。

所以我还是喜欢自己的学生，终究是懂事的，只要提醒一句，他就明白了。

浮躁的时代，充斥的是纸醉金迷：明星昨夜在哪里喝酒，约了何人，做了什么眼神，都有狗仔队蹲点守候，全程跟踪，及时报道；名人的狗爱吃什么牌子的罐头，也有很多人关心。打开一张报纸，难得有穷人想看的信息——也难怪，穷人忙，没时间或许也没钱买报纸，而报纸得为商家广告找读者。

我的许多同事都记得，前些年，大部分学生不知道特蕾莎嬷嬷是谁，更不知道中国有个证严法师。直到近年，一些课外读物上出现了特蕾莎嬷嬷的故事，而中国台湾的证严法师，介绍得仍旧不多。如此美好的教育资源没能有效地利用，令人叹息。

这两位伟大的爱的使者对人世的奉献超越了宗教，她们的慈善事业不但疗救了穷人，也在净化人的心灵。40年前，证严法师因为见到交不起住院费的难产妇女留在医院门口的一摊血，立誓要救助穷人，她苦行募捐，终于建起了亚洲最大的慈善医院。特蕾莎嬷嬷一生苦修，她从贫民窟中接回奄奄一息的穷人，为他们洗净污垢，让他们体面地死去。几十年间，有几千个穷人安息在她天使一样的怀抱。

博爱，这个美好的词，却长期被排斥于我们社会语言系统之外。在敏感年代，甚至是个犯忌的词。

可是，如果不用“博爱”，用什么词？

我是 1963 年上中学的，“千万不要忘记阶级斗争”的口号当年也在课堂上出现。印象最深的是政治课，教师讲阶级斗争，说得人毛骨悚然，仿佛到处是“不拿枪的敌人”。到了 1965 年，弦越绷越紧，已经不能多说话、开玩笑了。我还记得，政治课上讨论一个问题：如果有人拉板车上坡，你会不会帮着推？

学生回答：“学雷锋，帮。”

教师：“可是那个人是‘四类’分子。”

学生说：“那就不帮。”

教师问：“可是我们应当发扬革命的人道主义，感化他。”

学生说：“那就帮。”

教师又说：“但是这样也许不利于他的劳动改造。”

学生问：“那怎么办？”

是啊，那怎么办？

我还记得有学生问教师：“我们在帮助别人之前，是不是要问问他们的阶级出身？”我记不得那位愚蠢的政治教师是如何回答这个问题的了。

而接下去就是“文革”，很多教师都曾被当做批判对象，受到侮辱和折磨。没有爱，没有博爱，那十年，是中国历史上耻辱的一页。直到 20 世纪 80 年代初，学校还在讲阶级斗争，还从政治上控制一部分教师；在改革开放后许多年，学校还在谈“改造世界观”，还把有独立思想的教师视作异端。

奇怪得很，学校应当是一个时代思想最先进的地方，是培育爱的场所，可是我们的学校像是没有这样的教育能力；与此相反，经常地要宣传与人道精神对立、与现代化对立的陈腐观念。我至今也不明白，为什么有些人一生可以什么事也不做，专门监督别人改造世界观。没有爱，没有信任；有的只是恨，有的只是忌妒，有的只是怀疑。这样的教育是无法培养心智健全的人的。

现今，宣讲仁爱和慈善，发动对穷人的施舍或帮助往往被视为别有目的，这就毒化了人的心灵，养成冷漠冷酷的民族性格。报章经常介绍中国福布斯排行，大量的财富被集中在少数人手中，可是，我们的社会缺少慈善家，缺少令人信赖的慈善机构，公众也缺乏参与慈善活动的热情，这些，怎么能说和当年的疯狂愚蠢一点儿关系也没有呢？

时下最令人痛心的，莫过于除了考分，学生什么也不关心。

博爱，应当写进我们的教育词典。

播下一粒善良的种子

你看到她了，慈爱仁厚的老太太，就是我说的那位。“文革”中，她被学生逼着跪在地上，学生说她是潜伏特务，嘴里有“微型发报机”。领袖的魔法让青年们疯狂，他们撬她的牙齿，要找“发报机”。她受尽折磨，折磨她的是中学生。作为一名普通的教师，她没能，也没有可能去拯救那些红卫暴徒的人性。

这一位呢，你知道她？对，全国教育界的模范。“文革”中，揭发她“资产阶级教育路线”的都是她的学生。她关心青年，无微不至地帮他们做了很多事；她节俭，从工资里省下有限的钱，支援有困难的同事。“文革”来了，她被指控“腐蚀青年教师”。

还有她，著名的语文教育家，以残疾之躯，从京城赴塞外，在讲台上半个多世纪。“文革”中，红卫英雄们竟然让她三四岁的女儿站在她身边“陪斗”！……

一名青年学生，如果对知识，对人类的文明积累，对他的教师，对他受过的教育没有任何敬重，他走上社会后，会是一个什么样的人？如果他没能让善良长成一棵笔直的树，那么，心灵深处早晚会开出一朵恶之花。

你是教师，你今天种下什么样的种子，明天就会开什么样的花，结什么样的果实。你今天所做的一切，要在十几年，甚至几十年之后才能体现出价值。教育的特征是“慢”，像种庄稼，只不过农业周期一般以年为度，而人的成长和发展，可能更像林木的生长，需要更长久的年代。

在小学门口，新生入学了，孩子们带着兴奋好奇的目光走进校门。

从现在起，我们就该想到，在什么时候，轻轻地在孩子的心灵上放上一粒善良的种子。回忆童年受过的教育，那些不经意间播下的种子，真的影响了我的大半生。在我幼年时，祖母教给我许多学校课堂上没有的东西。夏天暴雨，街巷淹大水，孩子们把家里的木澡盆推出来当小船划。我们玩得多高兴啊，我们甚至不希望水退。可是祖母忧心忡忡说了一句：要是乡下大水不退，会淹死很多人的。江南的梅雨季节很不舒服，可是祖母说，稻子就靠这黄梅天才能长好，种田人苦，他们反而喜欢这样闷热。我年至花甲，仍然记得那些话，经常把同样的话说给学生听。

同事们回忆某位教师，说"文革"毁了他。"文革"前，他风华正茂，平时待人接物，都是很温和的。然而"文革"中，仅仅因为喜欢写作，发表过一些作品，同事斗争他，把他打成"三家村"；学生殴打他，侮辱他，也侮辱他的家人。"文革"结束，他仍在学校工作，人们发现他一如既往地温和，偶尔也会向学生诉说"文革"中经历的苦难。他的学生似乎不相信，总是睁大眼睛问：真会有那样的事？

"文革"中挨了自己学生的毒打，难道真的就一点记忆也没有？在那个年代里，有人如鱼得水，至今追怀不已；更多的人则饱受荼毒，至今心有余悸。不论对谁，那都是个想忘却也难忘却的年代。

高尔基到托尔斯泰的庄园做客，在听高尔基讲述童年的种种遭遇后，托尔斯泰无限感慨地说："你经受了那么多的苦难，可是你竟然还是这么善良！"回忆往事，我觉得，保持善良，也应当是经历过磨难的人们应有的选择。世易时移，人的正直善良的愿望不应当被毁灭，为了保护善良的人们，我们就得勇敢地揭露和解剖人世间的假恶丑——自然也包括我们自己身上的毛病。

要向学生表明我们的爱憎

曾听一位学者作德育报告，他说到“不管什么原因，都不能对学生发火”,“要永远和风细雨，润物细无声”。当时我很惭愧，觉得自己修养差，批评学生不大客气，对照要求，我做得不够好。然而这么多年下来，反思自己在这方面的所为，我觉得自己的修养并没有提高多少。我甚至不止一次地对学生的行为表示过愤怒。

多年前，我曾愤怒地批评一名高三男生的粗野行为，他的班主任来向我解释，说这名男生是文科班成绩最好的，已推荐给一所名校。我对这种答非所问极不理解。我之所以愤怒，是想到这名已经有了选举权的、身高一米八的高三学生竟然不知道在厕所大便要入坑（他连续两天故意解在厕所的通道上）！他也许认为在周末校内无人时可以这样恶作剧。班主任要他来道歉，学生不情愿，认为我在“找碴儿”。我告诉那位老师：我不接受他的道歉，因为他损害的是公共利益，如果要道歉，他应当向学校道歉，向同学们道歉；再说，既然这名学生的政治考全班第一，又是校“三好生”，他应当具有最起码的辨别是非的能力；他如此缺乏公德，根本不是批评或道歉可以解决问题的。

有学生议论宿舍管理员“很凶”，说“大家一直诅咒她”。我问学生：“你们为什么用‘诅咒’这样的词？”学生说，熄灯后我们总要讲几分钟话的，她就扣我们的分了。我问：你们为什么就没想到她是对全体学生负责呢？你们每天晚上熄灯后讲话，妨碍了别人休息，就是违纪，对此毫无认识，还要责难老师，岂有此理！有一回，那位管理员摔伤了，手臂绑了石膏，吊了夹板，可第二天晚上她又来值班了。有个女生说：“她怎么没摔死？”她的话引起了几个女生的哄笑。事情传到我这儿，我实在无法“润物细无声”，我压抑着愤怒，鄙夷地看着这名学生说：“她的年纪可以做你的祖母了。我为你的这句话感到羞耻。”后来，其他同学帮她来打招呼，说一时之愤，“不会说话，希望老师原谅”。我说：“不能原谅，已经 16 岁了，想改可能也来不及了。”这些学生不是我班上的，她们也因此疏远我，也许她们也会“诅咒”我，但我至今不悔。事情过去二十多年了，她们都长大了，都有了自己的孩子。我不知道那些孩子会不会承袭她们的语言教养，会不会承袭她们的自私与冷酷。我认为，及时地向学生表明自己的愤怒，是一种教育。

不是所有的学生都会往正路上走的。社会风气不良，学校一定会受感染，这最后一块“净土”早就被污染了。有个学生悄悄对我说，某同学很虚伪，做过一些为人不齿的事，名声不大好，可是那次他要入党，班上同学都不做声，教师也都只讲好话。我理解学生的情绪。因为他们所受的教育，使他们对社会充满了美好的感情，而一旦发现被愚弄，发现社会性的虚伪与腐臭，他们便会比一般人感到痛苦，转而对世间的许多事充满怀疑，爱憎的情感逐渐淡薄，他会认为一切庄严的事物最终不过是一场游戏，既然是游戏，也就无须认真。

在教育工作中，如果我们不敬重崇高，下一代将变得猥琐；如果我们不维护正义，下一代就会丧失羞耻感；如果我们不看重诚信，下一代将以奸诈为荣；如果我们不尊重文明，下一代将会比赛粗野……

所以，我认为，在很多问题上，我们应当向学生表明自己的爱憎。

马卡连柯训斥过学生，他甚至也打过一个孩子的耳光，在他看来，只要对学生的精神成长有利，可以运用非常手段。但他从事的毕竟是特殊教育。在普通教育中，传统的体罚已经被禁止，那种当众罚跪、打手心等侮辱人格的教育行为早就被否定。在讲理性的时代，教师对学生不道德的行为是不是只有忍耐？只有苦口婆心？

我之所以感到忧虑，也因为面对的教育对象是 16 至 18 岁的青年，他们已完成了义务教育阶段的学习，已接受过基本的伦理教育，他们在各项考试中取得了合格的成绩；他们还参加了政治组织并宣过誓……当他们为了考试成绩而作弊时，当他们为了早一点吃上饭而挤到小同学或女同学前面时，当他们用不正当的手段打击压制同学时，当他们向校长诬告自己不喜欢的教师时，我还能平静地、和风细雨地“润物细无声”吗？

不必自欺欺人了，不要作秀，面对假恶丑，如果你是一个有健全情感的教师，你就直率地表示你的愤怒吧！

此所谓仁爱之心

讲《史记·滑稽列传》，说到优孟扮孙叔敖故事，学生不了解孙叔敖其人其事，于是插说一段。

> 孙叔敖为婴儿之时，出游，见两头蛇，杀而埋之。归而泣，其母问其故，叔敖对曰："吾闻见两头之蛇者死，向者吾见之，恐去母而死也。"其母曰："蛇今安在？"曰："恐他人又见，杀而埋之矣。"其母曰："吾闻有阴德者，天报之以福，汝不死也必。"及长，为楚令尹，未治，而国人信其仁也。（刘向《新序》卷一）

学生反应比较慢，不解其意。于是重复"恐后人又见，已杀而埋之矣"，称其善，学生交头接耳，始有反应。

为什么一定要说这件事，不说不行吗？说了会不会转移其对教学文本的关注？我想的是，我们今天已经失去了许多利用古典文化传扬真善美的机会。如果在其他地方讲孙叔敖埋两头蛇，并不一定能有用。不如在这里就着孙叔敖死后其子穷困负薪，以见其廉的故事，说其人自幼行善。教育的机会有时信手可得。

我的问题还没完。

现今宣传，在报道模范人物患病罹难时，经常用人物自语，如，"为什么上天不公，让我生这样的病"；或借他人言："这种病的发病率仅仅为十万分之一，可是竟然让他得了这样的绝症！"——不止一次地从新闻报道中看到这样的话，我一直很惊讶：世上的绝症，竟然也可以选择罹患者——这种绝症不应当降临在某类人身上，有些人则可以轮上这样的绝症……这是什么样的逻辑？

于是我不得不庆幸生物界自然选择的规律或没有规律。如果专制主义的触角伸进自然界，疾痛患难也得由权势集团分配的话，那死去的都将是无权无势的芸芸众生。

孙叔敖活在春秋时代，他的人格及牺牲精神很伟大；虽然未必能达到革命领袖所要求的“毫不利己，专门利人”，但是宁毁灭自己，冀他人平安，这种境界，在最先进的政党组群中也是很难见到的。

记起有位青年说过，他患的疾病发病率在人群中是十万分之一，而现在他已经罹祸，这就说明，也许就有 99999 个人可以免去那十万分之一的可能，所以，他觉得自己能如此担当，真是太幸运了。此所谓仁爱之心。我们也没必要说什么大道理，就把这样的事说给孩子们听听吧。

留点麦穗在田野上

有位学生在随笔中引用一段西人的话："如果你的麦捆遗落在地里了，那就不用去找了。你已经把它留给了流浪人，你已经把它留给了贫弱者，你已经把它留给了捡麦穗的孩子……"看了之后静思半晌，想到作为教育者，我们应当把这样的仁爱教给学生。

可是，在一个没有宗教信仰的国度，会有另一种让人排解的方法。比如，人们会如此劝说你："祸福相倚"，"祸兮福所倚，福兮祸所伏"；很可能，你在跑回去拿那麦捆时，脚崴了，一个月不得动弹；也有可能，失足掉到河里；或者很可能，天上惊雷闪电，结果……总之，"吃亏是福"，"难得糊涂"……于是你觉得，那捆麦子，丢了就丢了吧。

虽然都没有去寻找那遗落在田野的麦捆，却是两种完全不同的心灵选择。

在我国南方的一些地方，有这样的习俗，乡里人会把屋檐造得宽一些，这样主人不在家时，过路人可以在下面躲雨。在西南边疆荒凉的古道边，会有一些简易小屋，里面备有柴火食物，让孤独的赶路人歇脚御寒。

中国文化中讲慈悲的内容并不少，但我们毕竟是疏于行动的民族。柏杨说过，讲团结，中国人立刻能写出一大部书，但彼此很难走到一起，"三个和尚没水喝"就是典型。孔子宣传"三人行必有我师"，而我们在现实生活中更多见到的是三个人谁也不服谁。同样的原因，生活中的慈悲之心和仁爱之举就不太多。现在中国社会的救助贫弱的捐款仍然有"摊派"现象，没有多少真正意义上的慈善事业，也没有慈善家，虽然中国人很为自己国家经济取得的辉煌成就而"瞩目"。

20世纪80年代，看过欧文·肖的小说《富人·穷人》，印象很深。有次作文比赛，我很想试着让学生做做这个题目，不料大家担忧，说有可能产生导向偏差，出麻烦。虽然我并不坚持要用这个题目，但通过这件事想到，全社会嫌贫爱富，对穷人存有偏见，这个时代的麻烦大了。我很担心，慈善事业的落后，将使中国的文明水平在世界上处于极其尴尬的局面。

台湾省的证严法师当年是个普通的比丘尼，有一次她遇到三个天主教的修女，彼此交流了对宗教的认识。修女临别时表示对佛教有了理解，但是她们对佛教不开展慈善事业表示不解。证严因此受到触动，后来才有了规模宏大的慈济功德会的工作。当时，花莲县的家庭妇女每天从买菜的钱中省下五角钱捐给功德会，有人为了省事，一个月一次捐15元。证严说，一次捐15元，只发了一个善愿，每天放五角钱在菜罐里，是每天在发一个善愿啊。

我因而想到，多年以来对青少年的“思想教育”究竟落实到哪里去了，宣传家教育家能不能向孩子们说说清楚？说清楚之后能不能做点榜样？比如，有没有办法让孩子们相信：政府办公大楼的豪华的确比学校教室的合格重要，官僚的子女的确是靠勤奋致富的，社会并不腐败，等等。如果他们仍然只想到让学生背背政治教条，满口经天纬地的胡话，那绝对不如让孩子们每天都能发一个善愿，并且学会“留点麦穗在田野上”，实实在在地做个好人。

现在，很多人有能力、有余力帮助别人了，真好。

这些事，也需要勇敢

我的青年同事周君，是个有些腼腆的女性，很怕出头露面。但是前些天她勇敢地做了件事。公交车靠站，上了客，这时有位盲人要上车。正当盲人很困难地将上未上时，司机发话了，说："上这种车要买票的。"盲人说："我有残疾证的。"司机有些不耐烦地说："这是空调车，要两元钱；你那个证只能坐一元钱车的，你要补交一元钱。我看你最好还是等后面的车吧。"——南京的公交车的确有两种，但是一个盲人如何分得清"一元车"和"两元车"呢？况且冬天，很多都是空调车，更何况一元钱的车比两元钱的车挤。这时，车上的乘客也纷纷向那位盲人发话，劝他等后面的一元钱车——其实谁都明白：那种车很少，他那样的盲人根本挤不上的。盲人左右为难。就在这时，周君忽然从车后部快步走到前面，轻声对司机说："请让他上吧，我替他刷卡。"司机不说话了，乘客也不说话了，盲人坐下了，车往前开了，周君一如既往地沉默。但是我估计那一车人的心灵都有点不平静。

我们生活的时代就是这样，耻辱与高尚能同时出现在一个狭小的空间。是什么能让周君这样一位弱小的女性站出来，让我们的社会少蒙受了一次耻辱呢？是爱与同情，也是勇敢。在弱者受到冷漠的对待，在公义受到挑战，在同情与爱被卑怯猥琐取代时，纤弱的她站出来，勇敢地用一句话就改变了某一辆公交车在某一天的历史，让一些人记住这个世界上还有另一种人，也让车上的孩子们记住：你应该做这样的人！

也是前些天，看到《杭州日报》上的一篇短文《请民工吃饭》，作者王雪。一位找工作无果的民工在路上向作者求助，说饿了一天，能不能买几个馒头给他吃。作者请他到食堂吃了一顿饭。民工又请求能否给个塑料袋把一点点剩菜带走。作者很心酸，满足了他的请求并买了四个馒头给他带走。文章最后，作者写道："我不知道别人有没有遇到这样的事，我也是第一次。如果遇到了，他们想要吃几个馒头，真希望大家不要拒绝，民工真的太苦了。"——看到这里，我也心酸地落了泪。好像就是在那几天，在某校开会，晚上宴会招待，散席时，二十多张宴桌酒食鱼肉狼藉（有的菜肴几乎没动过），在穷人衣食无助的时代，作为知识阶级如此豪奢，我感到羞耻。

我的朋友教授张公说，每每在闹市看到面有菜色的民工的孩子，他都愧疚；那一年，他决心找机会请 20 个民工的孩子去肯德基吃鸡，一个一个地请。到下次见面时，他高兴地告诉我，已经请了 7 个孩子了。

我们当教师的人也许经常要听听这样的故事。

看见别人跌跤不要笑

多年以前，有学生问 :“究竟什么是‘教养’？”我回答 :“看见别人跌跤不笑，看见穷人心里难过，这就是教养。”学生说:“这么简单？”我说 :“简单？你试试看！”

和一些朋友也谈到过这个问题，有些朋友也说到，教养其实体现在这类细节上。

读小学三年级时，天大寒，路上结冰，我滑倒了，很多同学大笑，连教师也忍不住笑了。我不怕疼，但老师和同学的笑，让我心痛。也许因为有那样的经历，我从小同情摔跤的人，摔伤已经很痛苦了，为什么还要笑他们？别人的痛苦，也会是每个人的痛苦。

学校对面原来有家小商店，是部队为照顾家属就业开办的。有年冬天，商店门口路上积水结冰，这三四个妇女闲着站在店门口看，因为骑自行车的人不得不从这块冰上经过，每当有一个滑倒，她们就笑着数“十七……”或“十八……”她们无聊地在数数，却不肯在这里立个标记提醒行人，或是铺点煤灰在上面防滑。我和行人很愤怒，当面谴责了她们。回到学校，我把看到的事告诉学生。学生说，太令人厌恶了，以后不去那家商店了。这件事过去有 20 年了，那家商店也早就不在了。可我没忘记这件事。现在，我在街头看到当年那几个官太太，又想起这件事。她们也老了，走路慢吞吞的，不知她们以后会不会摔在冰上。

这都算是很小的事，因为在记忆中，无法忘怀，就记下来了。

我记住这样的事，是因为它每天都有可能发生。人群的习惯性行为对教育的伤害是不易被警觉的。中国的“小品演员”赵本山等，据说是最受观众欢迎的，可是我看不出他的“品”。前几年，他在春节晚会上表演《卖拐》，红遍全国。可是在那个剧中，赵本山表演的节目内容伤害了残疾人，那种低俗在一个文明国度里是不会得到掌声的。他不但没有道歉，第二年他又来“卖轮椅”，继续伤害残疾人。有些人好像热衷于贩卖庸俗廉价的笑声，只要没损害所谓的“主旋律”，“政治上正确”，他们是绝对不管什么庸俗低俗的。如今中国所谓的讽刺艺术，不敢针对专制主义，不敢涉及政治丑闻，甚至不敢批评官场腐败；但是，他们一直肆无忌惮地嘲笑穷人或农民，模仿他们笨拙的举止言谈，嘲笑他们的粗俗无知，以至于每逢“春晚”，必定有侮辱贫弱者的节目。2008 年春节，以为他们会“和谐”一些的，没想到又在调侃“老年痴呆”了。

无数的青少年在这类庸俗的笑声中逐渐丧失自己的道德判断。如果他的家里有成员是残疾人士，他也许才会有所不安。然而他所受过的真善美的教育，很可能会被逐步消解。

教育者如果没有悲悯与同情心，将很可悲。当然，并不是所有的教师都能具备这样的人文素养。旧时代中国缺乏爱的教育，国民脸上的麻木与冷漠成了民族的名片。新时代几十年的政治运动，延续甚至发展了这种麻木与冷漠，除此而外，“冷酷”被从政治上肯定下来。“文革”初期，看到红卫暴徒肆意殴打一位语文老师，铜头皮带砸在老师的光头上，鲜血立刻流了下来。那是我第一次亲眼看到他们殴打教师，我能记得那个高一男生的凶恶的样子。当时场上有一批学生震惊无比，大喊：“放下你的鞭子！”

隔了好多年，我才醒悟：如果学生像狼，教师将难辞其咎。

让我们把传播仁爱当做教育理想吧。其他人有什么不同意见是他的事，哪怕周围开满了恶之花，我也坚信自己的选择是正确的。

山区来信

这是 24 年前的事，可是我忘不了。那封信我一直藏着，家中堆积过多，一时找不出来。不过，信很短，我能记得大致的内容。

信是写给我的，也许写信人偶尔能接触到一些教育报刊。那时的报刊很少，我印象里，乡村的孩子能把一本旧杂志翻烂（“文革”中我也有过类似的经历）。写信人可能有些粗心，信封上称我为“爷爷”，而信的抬头却又写成“亲爱的树人文学社叔叔阿姨们”——“文学社”是学生组织，成员都还没到做叔叔阿姨的年龄，也就是说，她根本不知道收信人是些什么人。

信是这样写的：你们生活在大城市，懂的东西比我们多。最近，我们班上的同学发生了争论，就是：汽车开过去的时候到底是香的还是臭的？你们一定见过汽车，你们能告诉我们吗？

落款是“陕西省绥德县薛家茆乡薛家茆学校”，署名是个女孩的名字，也姓薛，正读初二。我看了一下邮戳，这封信在路上走了十多天。

这女孩问“汽车开过去的时候到底是香的还是臭的”，估计指的是汽油味儿到底好闻还是难闻的问题。我在地图上找到了“薛家茆”这个地方，果然没通公路。

学生传看这封信，我观察学生的反应。有人惊讶，有人平静，有人冷漠，也有人不以为意。

后来，我的学生郑冬青执笔，给那个女孩回了一封信。信上根据自己的经验，大致回答了她的问题，并且写了这样的话：我们从地图上找到了你居住的地方，你们那里一定会通公路的，也一定会有汽车的，汽车会从你们家的门口经过。还记得她曾感慨地对我说，中国真大，不但有没通汽车的地方，也可能有连信也寄不出来的地方。

我常把这件事说给后来的学生听，让他们知道，中国有多大，中国还有多少贫困地区，中国还有多少人可能根本不了解现代文明。

24 年过去了，那一届学生高中毕业 23 年了。前不久聚会，看着自己的学生都成了中年人，我忽然想起当年的那封信，也想起了那位姓薛的初二女生。绥德薛家茆那地方也许早就通公路了，按城市入学年龄推算，那女孩现在也该有三十七八岁了，她生活得好吗？她也许会早一些结婚成家，也该有孩子了，如果她的儿子或是女儿知道她写过这样一封信，会说些什么呢？当她看着路上驰过的汽车时，会想起当年给本不相识的南京老师写过那样一封信吗？

给她回信的郑同学现在国外定居，她每天上班要自己开车，当她开车飞驰在美国的路上时，会想起有过那么一回事吗？她会把这个故事说给自己的孩子听吗？

我们当教师的，往往会像这样，记得一些大家已经遗忘或是将要遗忘的事。因为我们的工作，是面对那一双双睁大了的眼睛。

生命的歌

你问我最喜欢听什么歌？

儿歌；孩子的歌。与此相比，其余不足论。

没有什么歌曲比孩子的歌声更动人了，一点杂质也没有，那是生命的歌啊。

前些年我常常放的是维也纳童声合唱团的几张唱片。后来，同事们喜欢《放牛班的春天》，可能也是因为那样的歌声能陶冶所有人的心。

电影《音乐之声》中所有的歌都令我感动，好些年了，那些旋律一直在耳边回旋，我在那样的旋律中思考、读书和写作，我的心是宁静的。音乐也能净化环境。所以，我觉得在学习时不一定非要让孩子关闭音响。但是用耳麦听音乐会伤耳朵。

不一定非要逼孩子学乐器。会一两种乐器演奏当然好，但更有价值的是培养乐感，能欣赏旋律美。

能唱，好；不能唱，善于听，也好。

你让孩子学琴，可是他并不喜欢。你强迫他学，并说是受了《傅雷家书》的影响。这一来我就不好说什么了。不是所有的人都能像傅雷那样懂自己的儿子，况且傅雷本人具有很高的文艺修养。

你的音乐修养可能不像你自己认识的那样高，我从你总爱哼“都有一颗红亮的心”就知道了。你不懂钢琴，只知道打孩子，常对孩子说的是“你知道我花了多少钱让你学琴啊”，没用的。

我把手上的事都放了下来，看电视上奥地利一个儿童合唱团的演出。我看了整整一个小时，然后我像入梦一样，什么事也不做了。我常盼望能获得这样的感觉。孩子们唱得天真自然，道具简单极了，他们用心在唱，陶醉在自己的歌声中。我在他们的歌声中走近了群山，闻出了青草的味道,看见了浮在空中的鹰。他们不是在演出,是在蓝天下呼吸,奔腾。

纯粹的音乐使孩子们获得教养，而不一定是得到谋生的手段。生命中缺少震撼心灵的乐曲，孩子们会变得粗俗。

大概是 1992 年，台北市立第一女子高级中学乐仪团来南京访问并演出。几千名中学生到五台山体育馆观摩，这个享誉世界的中学生乐团演奏德沃夏克的《新大陆》时，乐团指挥不断地停下来，张望四周，场上的喧哗声使他无法继续。场面难堪极了，教育局长竟然不得不走到场中央，手持话筒喊“请同学们安静”。我想，大陆学生的音乐素养给台湾同行留下的印象，他们可能终生难忘。

威尔第的歌剧《那布科》中有一首合唱，在苦难的跋涉中，希伯来奴隶怀念故土唱出的是《飞吧,让思想插上金色的翅膀》(也有人译作《囚徒之歌》)。

成为奴隶，仍然那样气势磅礴地歌唱自由。只要有时间，我每个星期都会听。

好多旋律已经注入我的生命了。只是我很难让学生喜爱那些歌，至少在目前。如果他们喜欢上了,可能不至于那么浮躁,那么易于喜新厌旧。

像太阳一样升起的白旗

20世纪80年代初,经历过红色年代的激荡,感受了底层社会的贫苦,人们对瞒和骗的教育已经有了比较深刻的认识。我总想，中国的教育缺少一种人道精神，我们教育的旗帜上，没有人性的光辉。那几年，我读了很多俄苏小说，其中格鲁吉亚作家顿巴泽的小说引起我很大的兴趣。在小说《白旗》的结尾，他这样写道：

> 深夜，太阳又一次来探望我，它那金色的光辉沐浴着我，呼唤我到它身边去。我愈是靠近这颗巨星，它变得愈加凉爽。我完全贴近了，用手触到了太阳，可是太阳并没有灼伤我。我同太阳一起登上一个漫长而陡峭的山坡。太阳走在前面，我紧步其后。我们攀得很高很高，登上了一个终年积雪的山峰，一个永恒的永不消融的雪皑皑的王国。
>
> “这就是珠穆朗玛峰！”太阳说着，向我递过一面洁白的旗帜。我展开旗帜，高高擎起。一面洁白的旗帜在世界上空高高飘扬——那是善良、仁慈和友爱的象征。世界上空，飘扬着一面巨大、洁白、一尘不染的旗帜！

读到这段话，我眼前立刻出现了画面，甚至觉得这段话写出了我的心声。二十多年过去了，我不断地品读这段话。在我的心中，也一直有这面一尘不染的象征着善良、仁慈和友爱的白旗。

那段时间读俄苏小说比较多，在指导文学社活动时，也常和学生交流读书体验，不少学生也对俄苏文学感兴趣，这中间就有徐海。

我喜欢和徐海说说话，并非因为他的文章好，而是因为他做事时那种负责任的态度。每次布置活动任务，他都会说：“老师，这件事我来吧。”事后不用你提醒，他会准时完成。一个偶然的机会，知道他是徐懋庸先生的长孙，于是得空听他说徐懋庸晚年的一些事。他为人处世很低调，在学校里很不显眼，一点也不像名门之后。但没想到后来发生的事让他知名全校，并最终让他年轻的生命定格在23岁的年华。

高一下学期，他同班的一位女生董维青患了白血病，全班立即行动起来，为她募捐，学校里出现了很感动人的事。和中国的很多故事一样，在人们广受震动之后，热潮便逐渐平静，然而徐海却留在董维青身边，继续为她奔走，求医问药。他甚至常常不上课，去照顾她，他要救她。只要打听到某处有一线希望，他便借了钱上路，记得他还曾跑到河北为她找偏方。回到学校，还得面对一些老师同学异样的眼光。是恋情吗？我也不得不疑惑了，因为我几乎碰不到他了。那时候不像现在这样开放，而徐海根本不在意别人说什么。然而放弃学业，在学校里总是有些大逆不道，更不用说那时人们“做思想工作”总是轻车熟路。有一次教师开会，一位先生说了句：“只要出个幸子，就一定会出个光夫（两人是日本连续剧《血疑》中的男女主人公）。”大家哄笑起来。大家的笑令我难过，我说：“我们的教育是培养人的，现在好不容易出了个像人的人，没想到你们竟然这样。”大家觉得很无趣，不欢而散。我也不后悔，我就是那样想的。高三了，徐海仍然那样为女孩做一切可能的事，据说女孩父母感激之余，也劝徐海不要影响学习。但徐海深爱着女孩，其他一切已经不重要了。高考时，徐海的成绩当然受了影响，只考上一所市属大专，当时在名校，这样的结果并不多。徐海回学校转团组织关系，他上楼，我下楼，就在老办公楼的楼梯上遇到了，我还记得那天阴雨，楼道上尽是水。问他的情况，他略带着羞愧地说：“王老师，对不起，我只考了个……”我一时语塞，想支吾几句，却不知为什么很冲动地说了一句：“你是真正的男人！”他大概没想到我会这样说话，嗫嚅着，和我握手，我不记得他说了些什么。但我没想到这竟是我们的最后一次谈话。这以后知道他一如既往地守候在董维青身边，毕业后他搬到女孩的家附近，后来结婚了；同时听说他经济拮据，他坚持要结婚是为了让女孩能有一个爱的怀抱。1990 年，令人万念俱灰的一段日子，我杜门不出，却听到董维青病故的消息；三天后，徐海写下六封遗书，结束了自己年轻的生命。听到徐海的死讯，我感到窒息，流尽了鲜血的徐海那白皙的面容，20 年后依然平静地注视着这个世界。

有家电台想借此做个访谈节目，托人找我，那用意无非是借有新闻效应的故事，对青年作一些自以为是的引导。我不知出于什么原因，发了火，说了句“他们睡着了，不要用你们的爪子去碰他们”。那个编辑事后对我的朋友说：“你介绍的那个老师不肯配合，他干吗要发火？”

我的学生一般都比较信服我，所以我有话一定会对学生直说，我会在某个合适的时候郑重其事地告诉全体学生：不管遇到什么困难，不准自杀。我每说完这句话又有些后悔，我想到徐海。他不是懦夫，他只是太累了，想休息一下了；也许他是以为自己已经没有什么事可做了，也许他太想和她在一起了……

20 年过去了，现在，每看到 40 岁上下的人，我会常想起清秀温和的徐海和美丽善良的董维青。有一年，我在小说选修课上介绍谷崎润一郎的《春琴抄》，学生不理解，我就举了徐海的事。学生很惊异，说没想到校园里有如此凄美的爱情。可能是我不该说徐海和董维青，因为一些学生自此觉得，比之他们，很多赚人眼泪的爱情小说不值一读，《春琴抄》更不可同日而语。

我从 1983 年开选修课，基本没有停过，很多人说曾是我的学生，往往是选我小说鉴赏课的学生。因为经常在其他年级开设，所以好多学生我并不认识，也记不住他们的姓名。但有个叫袁梓的学生是我事先就认识的。可能是 1994 年，学校有位叫袁梓的学生患了脊椎神经恶性肿瘤，我们都为他捐了款。有天在校门口遇上他的班主任要去医院看他，我不认识他，但是想见见他，就一同去了。记得他住在有线电厂职工医院。袁梓是个大块头，卧在床上不能动弹。他很开朗，看到我有些意外，说："你是王老师，我认识你，我们班选你课的同学说起过你。我病好了回学校，一定要去听你的'小说选讲'……"对他的话我根本没有把握，他也不是我这个年级的学生，我安慰他说："我在学校等你。"走出医院时，班主任难过地说，医生私下里早就打招呼，没几个月了。我当然也根本不相信自己的话，我甚至为自己这样敷衍病人感到愧疚。

奇迹出现了。一年多之后，袁梓回到了学校，他真的坐进了我的课堂。我印象里那一轮的小说鉴赏选修课，袁梓没缺过一次。他个儿高，却要坐在第一排，离我很近。我至今记得他听课时的神情，有时他会沉浸在小说世界里，忘了记笔记，始终微笑着看着我。他那样珍惜课堂的每一分钟，让我想到，他等待这样的日子已经很久，而至今可能还有很多学生不知道坐在课堂里是一生的幸福。考试时我给过他一个比较高的分数，为了他的执著，也为了让他快乐。

一年后，他去世了。

学校也是铁打的营盘流水的兵，前面发生过什么故事，后来者不一定知道（当然也不一定有兴趣想知道），现在，学校里已经没有几个人记得他了。

和徐海、袁梓不同，毕彦波则是我任教班上的学生，两年间几乎每天都见面。彦波是 1999 年高考前 48 天去世的，最后一次见到彦波是星期四上午去上课时，那一天因数学检测，推迟下课。我上楼时，彦波拎着空水桶下来换水，和我打了招呼。可是换饮用水的人已经走了。彦波东张西望，找了一会儿，确信那送水车走了，才遗憾地上了楼。没想到十几个小时后，就这样幽明隔路了！他死后，我说起这最后的印象，学生郑重地告诉我：班上的饮用水经常是彦波上下五楼去换的。他的母亲说，那天晚上，彦波情绪很好，在饭桌上还有说有笑；九点多钟，他一边做练习还一边哼着歌。夜间发病，40 分钟后去世。事后医院告知，是心源性心脏病，只是谁也不知道他有这样的病。

早晨，当班主任告知彦波的死讯时，我不相信自己的耳朵，惊愕地再三问："你说什么？"学校考虑到我是老教师，要我去向学生宣布他的死讯，这在我是多难的一件事啊！我不得不写成文稿，虽然我从不照稿宣读，但此时我没有办法流畅地表达，我无法面对学生们如遭受雷击般的震惊。那天我特意补了一句话——"他走的时候没有痛苦"，我以为大家听了会好受一些，可是没有学生理解。全班同学的撕心裂肺的哭声让我终生不能忘记，谁也不相信乐于助人的好同学毕彦波就这样离去了。

可能是 1997 年底或是 1998 年初的事，我在课上发了脾气，因为学生到了高中不太愿意发言，我不愿意课堂沉寂。我看出大家都是怕难为情，于是想了个"撕破脸"的办法：让学生依次站到前面的讲台来，面向全班大喊一声，要让所有的人吓一跳才行。瘦高个儿白净脸的毕彦波是 1 号，他怯生生地和我商量："老师，我从来不大叫的，我可不可以唱首歌代替？"我说："不行，我只要你大叫。"彦波没法，"啊"地喊了一声，全班大笑。我说，还不行，不符合要求，重来。他闭上眼大叫一声，全班爆笑。他带了个头，下面就好多了，男生叫喊完了，女生接着排队上来叫喊。"脸皮"撕破了，上课发言好了一阵子。但后来我带班遇到同样的问题，却不再用这个方法了，因为我会想起憋红了脸叫喊的毕彦波，而他死了。同学们敬重彦波，因为他为人善良。高三复习迎考时，他的同桌学习有些吃紧，毕彦波每天帮他复习，同桌已经没有什么信心了，对彦波说："你的时间也不多，不要再为我浪费时间了。"彦波坚决地说："不，你不能放弃。"

为彦波送行的那天早上，倾盆大雨，全班同学都去了。告别仪式是我主持的，同学们哭泣着，把一朵朵白玫瑰放在他的身边。一百朵白色的玫瑰，簇拥着他去天国了。我则在努力地回忆，回忆第一次见到彦波时的情景，是我第一次到五班上课时？还是第一次向他提问时？想来想去也是惘然。究竟是什么时候，其实已经不重要了，重要的是我永远看不到他了。第二天，有位擅长美术的同学在教室后的黑板上画了大幅的彦波头像，通栏是他生前写的一首《满江红》。我走进教室，看见后面黑板上彦波的像，鼻子发酸——画得太像了。学生忘了，他们背对着他，而我则时时刻刻看到他，我很难过。学生说 ：“老师，再过七天我们就把它擦掉。”我说 ：“不，留在那里吧，这样我们班一个人也没少。”

人生总会有磨难，人人都会有痛苦和不幸，一如天上有日食。彦波像一颗流星，划过长空而去，而每一个认识他的人都看到了那一瞬间耀眼的辉煌。全班同学的友爱，给处于繁重工作中的我以无限的慰藉。

1987 年 1 月，我曾写过一篇《把“人的教育”写在我们的旗帜上》，那篇文章给我带来一些麻烦。当年批判者认为那是“资产阶级自由化”；前几年，又有人认为那是“理想化”。我理论修养并不高，可是批判者的水平比我预期的要差，这就让我无法获得提高。只有一位青年教师私下问过 ：“你说的旗帜究竟是什么颜色的？”

问得好。但我当时不想回答，我不愿意招致无谓的争论。

我在病中，想起一个又一个学生的面容，感叹生命的短暂，同时也赞叹生命的美丽。我感谢上天让我有机会认识这些美丽的生命，让我感受他们的仁爱和贤德，让我懂得什么是真正的教育，让我知道职业的使命与荣耀，让我敬重生命中的永恒。

我用残损的视力吃力地写下这些，每一行字都要用去我很长时间，我很累，我本当让自己的心平静下来，可是我实在无法忘却。

现在，我可以说出来 ：那旗帜不是蛊惑人心的红色，不是时髦的绿色，也不是空灵的蔚蓝，而是一尘不染的白色。在我的心中，一面洁白的旗，正在像太阳一样缓缓升起。

让我们回到童年

2006年春天，我们着手修订《新语文读本》，在介绍高中版修订方案时，我说，高中最后一册的最后一个单元计划编成“重读童话”，它的基本理念是“让我们回到童年”，启发学生始终用儿童的眼睛去发现世界。我汇报后，钱理群、王尚文等编委都高度评价。可是我在着手编时，却感到困难：除了与小学版低年级单元篇目重复等技术问题，让我感到吃力的，是发现自己对儿童世界的陌生。非常遗憾，我没有能力做好它，只能放弃原先的设想。但我至今仍然认为，让我们的学生在步入社会的同时，还能有一颗童心，让我们每个成年人能想着“回到童年”，则应当是永远的命题。

在儿童文学方面，为我启蒙的是方卫平教授。2002年，我们在广州开会同住一室，他去给小学教师作报告，我给高中教师讲话，每天各忙各的。有天晚上我们聊天，我看到他床边放着一捆台湾出版的儿童图画书，随手拿起一本翻看，这一看便大为惊讶，世上竟有这么好看的书！我看的那一本叫“疯狂的星期二”，那些在夜间驾着荷叶悄悄降临城市的青蛙们给我无尽的想象。方老师不厌其详地为我介绍这些书的编绘与流传，让我知道，在阅读世界，还有这样一种了不起的杰作。我后来一直很感激他的启蒙。

让我第一次得到儿童图画书的是“亲近母语”课题组的徐冬梅老师，她寄了8本书给我。我用20分钟就看完了，但从那一刻我就想到，我从此离不开这些书了。其中有一本叫“猜猜我有多爱你”，我给老师们开讲座时说起这个故事，看到坐在前排的一些老师热泪盈眶。翻译这本书的梅子涵教授告诉我，儿童图画书不只是孩子们的读物，而是所有年龄的人都应当阅读的书籍；在英国，这本书累计印数超过了总人口数。后来，我们曾用它做省高中作文大赛的题目。

我成了儿童图画书的爱好者。在书店买书时，营业员想知道我买这么些书是给谁读的，我告诉他：是我和老伴自己看的。我常在书屋里激动地翻看这些书，想象着，如果当年的我能看着这样的书长大，会和今天有什么不同。我也想，如果我们的孩子都能看这样的书，我们的老师仍然在看这样的书，我们会有一个什么样的教育环境。

有一回，曹文轩教授给教师们作报告时说，在国外，很多人家都收藏儿童图画书，有的人家有 100 多本，我们这里很多人还不知道有这样的书。散会时，我告诉他，我已经有 140 多本了。曹老师庄重地向我鞠了一躬，我明白他的意思。我周围有好几位同事也收藏了儿童图画书，和我一样，他们也是给自己看的。

在这个世界，生活着 60 多亿人，有很多人，很多部落、很多群体的人，仍然保留着童话一般的纯真，童话式结尾——“从此他们过着幸福的生活”，就是他们的全部理想，而世间的污秽与罪孽总是让他们感到惊异和恐惧。

我喜欢孩子，我和孩子们有很多共同语言。起先，我要想办法接近他们，让他们愿意和我说话；后来，我不把自己当做成人，我就很自然地知道该说什么了。儿童总是正确的。有人告诉我，某个孩子“有点呆”。因为问他：“你有两个苹果，我再给你三个苹果，你一共有几个苹果呀？”

那孩子每次都看着她的手反问:“苹果呢? ”——是啊,你以为你很聪明,可是你根本没有苹果。

孩子们本当有正常的童年，最好不要惊醒他们的梦想。做过梦的孩子是幸福的，珍惜梦想的孩子也会永远幸福。人如果过于现实了，也就很容易走向猥琐。

不错，我们是教师，可是和所有的人一样，我们在成长中失去了许多宝贵的东西。那些像梦一样的诗，像诗一样的梦永远不再回来了，可是它还留在孩子们的眼睛里，孩子们就坐在你的面前……

爱所有的孩子。

图书在版编目（CIP）数据

致青年教师 / 吴非著. —北京：中国人民大学出版社，2015.9

ISBN 978 - 7 - 300 - 21857 - 1

Ⅰ. ① 致… Ⅱ. ① 吴… Ⅲ. ① 教师—职业道德—文集 Ⅳ. ① G451.6-53

中国版本图书馆CIP数据核字（2015）第206504号

致青年教师

吴非 著

Zhi Qingnian Jiaoshi

出版发行	中国人民大学出版社		
社　　址	北京中关村大街31号	**邮政编码**	100080
电　　话	010 - 62511242（总编室）		010 - 62511770（质管部）
	010 - 82501766（邮购部）		010 - 62514148（门市部）
	010 - 62515195（发行公司）		010 - 62515275（盗版举报）
网　　址	http://www.crup.com.cn		
经　　销	新华书店		
印　　刷	北京华宇信诺印刷有限公司		
开　　本	720 mm × 1000 mm　1/16	**版　　次**	2015 年 9 月第1版
印　　张	15　插页1	**印　　次**	2025 年 10 月第 33 次印刷
字　　数	190 000	**定　　价**	58.00 元